I0083378

NOTICE HISTORIQUE

SUR LE

MONUMENT

ÉRIGÉ PAR LA VILLE DE PARIS

AUX SOURCES DE LA SEINE

EN 1867

PAR M. LARRIBE

Ancien chef de division et ancien conservateur des monuments d'art
à la Préfecture de la Seine

—

« Magnorum fluminum capita veneramur : subita
et ex abdito vasti amnis eruptio aras habet. »

(L. Ann. Senecæ, epist. XLI.)

DIJON

IMPRIMERIE J.-E. RABUTOT, PLACE SAINT-JEAN

—

1869

FRANCE. — Monument construit par la ville de Paris à l'endroit où la Seine prend sa source, inauguré la semaine dernière.

Levieux Archte del.

Imp. Lemercier & Cie Paris

E. Sagaire

VUE Du MONUMENT AUX SOURCES DE LA SEINE. 186.

NOTICE HISTORIQUE

SUR LE

MONUMENT

ÉRIGÉ PAR LA VILLE DE PARIS

AUX SOURCES DE LA SEINE

EN 1867

PAR M. LARRIBE

Ancien chef de division et ancien conservateur des monuments d'art
à la Préfecture de la Seine.

—

« Magnorum fluminum capita veneramur : subita
et ex abdito vasti amnis eruptio aras habet. »
(*L. Ann. Senecæ*, epist. XLI.)

BIBLIOTHÈQUE NATIONALE FONDS LE SENNE N° IMPRIMÉ

DIJON

IMPRIMERIE J.-E. RABUTOT, PLACE SAINT-JEAN

—

1869

PIÈCES JOINTES.

1° Vue du Monument.

2° Plan du Vallon des Sources.

3° Carte topographique.

4° Légende des noms et distances.

5° Plan des Fondations du Temple découvert aux Sources de la Seine, de 1836 à 1842.

6° Procès-verbal des dernières Fouilles et Découvertes en 1842.

7° Appendice : Le Monument des Sources de la Seine, par V. Corot.

NOTICE HISTORIQUE

SUR LE

MONUMENT ÉRIGÉ PAR LA VILLE DE PARIS

AUX SOURCES DE LA SEINE

EN 1867

Puisqu'il s'agit de l'un des principaux fleuves de la France, de la Seine, qui traverse la capitale de ce grand empire, désignons d'abord très exactement, sous le double rapport de la topographie et de la division territoriale, le lieu où il prend sa source.

Tous les ouvrages de géographie, qui se répètent généralement, disent, les uns, que c'est à Chanceaux (1), qui en est à 5 kilomètres ; les autres, à Saint-Seine (2), qui en est à 10. C'est une erreur, et nous avons regretté que la Société de géographie, à qui nous l'avions signalée dans l'intérêt de l'ensei-

---

(1) Chanceaux, village de 508 habitants, est une commune de l'arrondissement de Semur.

(2) Saint-Seine, bourg d'une population de 800 âmes, est un chef-lieu de canton de l'arrondissement de Dijon.

gnement, ait pensé qu'elle se trouvait suffisamment
rectifiée par la publication de la nouvelle et grande
carte de France, comme si cette carte pouvait être
de longtemps encore à la portée des écoles pri-
maires et empêcher les élèves de répondre que la
Seine prend sa source à Chanceaux ou à Saint-
Seine.

La Seine prend sa source dans un petit vallon
dépendant de la commune de Saint-Germain-la-
Feuille (1), canton de Flavigny, arrondissement de
Semur, département de la Côte-d'Or. Ce vallon est à
1 kilomètre 3/4 du village de Saint-Germain, dont
les modestes archives rappellent qu'en 1793, où les
dénominations religieuses étaient impitoyablement
effacées, il perdit la sienne, qui fut remplacée par
celle de *Source-Seine*, qu'il a conservée jusqu'à la
Restauration, en 1814. Aujourd'hui, ses habitants
sont fiers et reconnaissants du monument qu'ils doi-
vent à la libéralité de la ville de Paris, et ils en at-
tendent d'utiles relations, qui leur sont si nécessaires dans leur isolement et l'étroite limite de leur
territoire. Puissent leur justes espérances se réaliser et seconder ainsi les sentiments affables et hos-
pitaliers qui les animent.

Le but que nous nous proposons étant de rendre

(1) Saint-Germain-la-Feuille, 132 habitants.

fidèlement compte des circonstances dans lesquelles ce remarquable monument a été conçu et exécuté, nous allons exposer les faits dans leur ordre chronologique, en les appuyant des termes mêmes d'actes et correspondances officiels.

Si notre tâche n'est pas difficile à remplir, elle sera du moins à l'abri de toute controverse, puisque nous n'aurons agi que sur des documents incontestables.

Lorsqu'après bien des années nous fûmes invité à revenir sur un projet auquel nous ne croyions plus raisonnable de penser, notre principal soin fut de réunir les pièces qui pouvaient être nécessaires pour le recommander et le faire réussir. A cet effet, en nous adressant à la sous-préfecture de Semur, que nous avions administrée longtemps, nous consultâmes le volumineux dossier que nous y avions laissé en 1843, et nous relevâmes notamment la copie de notre premier rapport, que nous transcrivons ici parce qu'il est le point de départ et répond complétement à ce désir qu'on éprouve toujours, en présence d'un monument, de connaître son origine et les motifs qui l'ont fait ériger.

RAPPORT

du Sous-Préfet de Semur au Préfet de la Côte-d'Or.

« Semur, le 25 novembre 1833.

« MONSIEUR LE PRÉFET,

« Les sources de la Seine sont visitées par un grand nombre de voyageurs qui ne veulent pas traverser la Bourgogne sans connaître les lieux où ce fleuve prend naissance. Ils s'y rendent donc fréquemment de Chanceaux ou de Saint-Seine en quittant la route Royale de Paris à Dijon, mais ils se plaignent avec raison du *mauvais état des chemins* qu'il faut parcourir, et de l'abandon où l'on semble laisser le lieu renommé qui fait l'objet de leur curiosité et de leurs recherches.

« Ces sources, qui se composent de six naissances d'eau sur une superficie de 5,000 mètres environ, sont situées dans un petit vallon entouré de bois et très isolé qui dépend de la commune de Saint-Germain-la-Feuille, canton de Flavigny, arrondissement de Semur. Ce vallon, éloigné de près de 2 kilomètres de toute habitation (1), est placé sur l'extrême limite des deux arrondissements de Semur et

_____

(1) La ferme des Vergerots, appartenant à M. Chaussier.

de Dijon. Toutefois il dépend du premier comme portion du territoire de Saint-Germain-la-Feuille, qui par ce motif avait porté primitivement et jusqu'à la Restauration le nom de *Source-Seine*.

« Il est à 5 kilomètres de Chanceaux et à 10 de Saint-Seine, où passe la grande route déjà indiquée.

« La partie de ce vallon où se trouve la source principale est un communal, à l'extrémité duquel les petits affluents se réunissent et forment le ruisseau de la Seine.

« Le plan géométrique que j'ai fait relever et qui est ci-joint fait connaître la configuration, la division et l'étendue de cette localité. La tradition rapporte qu'il existait anciennement sur le point principal marqué A un monument (1) dont on croit voir les vestiges dans le fragment en pierre d'une statue grossièrement sculptée qui est placé sur la naissance de cette source. On dit que c'est celle de saint Seine. Il paraît que ces souvenirs avaient fait concevoir, à différentes époques, l'idée de relever ce monument.

« Un habitant de Saint-Germain-la-Feuille, M. Jacotot père, s'en était occupé, il y a vingt à vingt-

(1) Un habitant très âgé m'assurait que son père lui avait souvent dit que les Gallo-Romains avaient bâti là un temple pour la déesse de la Seine, et que c'était la mère de Sequanus qui en était la prêtresse. Il faudrait des fouilles nouvelles. Elles ont eu lieu de 1836 à 1842 par la Commission des antiquités.

cinq ans, et, plus tard, le comte de Villefranche, riche propriétaire à Thenissey, avait manifesté l'intention de l'exécuter à ses frais, mais rien n'a été entrepris jusqu'à ce jour.

« M'étant rendu, au commencement du mois dernier, dans les communes du canton pour presser la réparation des chemins, j'ai voulu voir ces sources renommées. J'avoue que j'ai partagé la surprise et les regrets des voyageurs en ne trouvant dans ce lieu aucun signe qui pût marquer, dans l'intérêt de la géographie et de l'histoire, l'origine d'un fleuve dont le cours répand la vie et la fécondité dans une partie de la France. La nature semble, en effet, cacher cette origine, à tel point même qu'on la recherche lorsqu'on la touche en quelque sorte, et qu'on peut à peine puiser un peu d'eau à celle de ces sources qui passe pour la plus considérable.

« J'appris bientôt, en conférant de cet objet avec les autorités et plusieurs notables du pays, que le vœu des habitants des environs sollicitait l'érection de ce monument et se reposait sur l'administration pour en diriger le projet. Je recueillis même des promesses pour une souscription, dès qu'il en serait ouvert une pour l'exécuter. C'est pour répondre à la manifestation de ce vœu que j'ai cru devoir faire dresser un plan des lieux, le programme et le devis des travaux. Du moment, sans doute, que les habi-

tants offrent le concours de leurs moyens pour ac-
quitter les dépenses, l'entreprise devient possible.
Néanmoins, ce concours ne peut promettre de
grandes ressources, et il sera tout à fait insuffisant
si les convenances de l'art et la destination du travail commandent un monument de quelque importance.

« J'ai donc pensé qu'il fallait, avant tout, faire
déterminer le caractère du projet pour en évaluer la
dépense. M. Jacotot, homme instruit, à l'obligeance
de qui je suis redevable du plan et du rapport, estime à 600 fr. l'érection d'une petite colonne en
pierre, avec les travaux d'assainissement et de plantation du sol; mais cette colonne serait-elle suffi-
sante? Remplirait-elle surtout les conditions de du-
rée qu'on doit rechercher? Ne voudrait-on pas,
dans une conception plus large et plus élevée, en
réunissant l'architecture et la sculpture, retracer par
l'allégorie la destinée du fleuve?

« La solution de cette double question doit néces-
sairement précéder toute autre mesure, et les moyens
d'exécution ne peuvent être étudiés que lorsqu'elle
sera connue et que le programme de ce qu'il con-
viendra de faire sera définitivement arrêté. Un peintre d'un grand talent, M. Heim, membre de l'Institut,
qui a traversé Semur il y a peu de temps, exprimait
le désir que ce programme pût être demandé à

l'Académie des beaux-arts. Il appartiendra à M. le
Ministre de juger jusqu'à quel point cette indication
pourrait se concilier avec les traditions administratives. Quant aux considérations qui peuvent recommander cette affaire, elles sont de deux espèces, les
unes qui tiennent à l'intérêt de l'art et de l'histoire,
et les autres à l'intérêt de la localité. Les unes et les
autres, il faut le dire, sont d'un ordre secondaire ;
néanmoins, elles sont de quelque poids, et je dois,
en ce qui me concerne, m'attacher aux dernières,
puisqu'elles sont l'expression d'un vœu qui tend à
procurer des rapports plus avantageux à cette partie
de l'arrondissement.

« J'ai donc l'honneur, Monsieur le Préfet, de vous
adresser et de recommander à votre bienveillante
attention ce projet qui consiste : 1° dans le plan des
lieux ; 2° un rapport du rédacteur de ce plan ; 3° un
projet de programme et de devis ; 4° un modèle de
souscription. Je vous prie en même temps d'avoir la
bonté de le mettre sous les yeux de M. le Ministre et
de m'informer de sa réponse.

« Agréez, etc.

« *Signé* : LARRIBE. »

Ce rapport resta sans réponse. Mais si le silence
de l'autorité supérieure nous affligea, il ne nous ôta

pas l'espoir que nous avaient donné les instances et les offres que nous avions recueillies. Nous attendîmes, et c'est dans cette situation qu'il se produisit un incident d'une grande importance, parce qu'il levait les doutes du passé et devait infailliblement profiter à l'avenir.

En 1836, la Commission des antiquités de la Côted'Or (1), d'après les renseignements qu'elle avait reçus, et le sentiment de curiosité qui s'attachait aux sources de la Seine, curiosité que nous avions éveillée nous-même, fit entreprendre des fouilles sur la principale de ces sources, les dirigea avec autant d'habileté que de zèle, et finit par obtenir des résultats d'un grand intérêt. Un temple gallo-romain fut découvert, et les vieilles légendes sur son existence furent pleinement confirmées.

Nous ne pouvons mieux faire que d'extraire et de citer plusieurs passages de l'excellent rapport que son président, M. Henri Baudot, lui soumit le 1er juillet 1843. Il se termine par seize planches gravées à Dijon et donnant la figure des objets découverts. Nous y renvoyons le lecteur, le rapport étant déposé dans beaucoup de bibliothèques publiques.

(1) Elle est connue maintenant sous le titre de Commission archéologique du département de la Côte-d'Or.

FOUILLES.

« C'est le 4 mars 1836 que les premières fouilles ordonnées par la Commission ont eu lieu…. Les recherches ont été longues et laborieuses, et plusieurs fois le manque de fonds les a fait suspendre ; mais, grâce au libéral et bienveillant appui que nous avons trouvé dans une administration protectrice des sciences et des arts, nous avons pu mener à bonne fin cette entreprise. — Je ne rappellerai pas ici la date de chacune des découvertes : elle est consignée dans les procès-verbaux dressés jour par jour par les soins de M. Chaussier-Morisot, dont nous nous plaisons à reconnaître le zèle et le dévoûment.

« La première tranchée fut ouverte au nord du vallon et près des sources, sur la lisière du bois communal de Saint-Seine, au pied de la borne dite du Gros-Fayard. C'est là qu'à la profondeur d'un demi-mètre, les ouvriers rencontrèrent les fondations d'un édifice dont l'importance fut bientôt révélée par de nombreux objets d'antiquité.

« Le plan des fondations qui furent successivement mises au jour à des époques différentes offre un quadrilatère de 57 mètres de longueur sur une largeur indéterminée. Quoique l'une des faces n'ait pu être complétement relevée, les déblais n'ayant pas permis de fixer cette ligne d'une manière certaine, néanmoins, le retour de l'angle nord et la régularité des trois autres côtés ne peuvent laisser de doute sur la forme extérieure du monument, dont la façade principale devait regarder l'orient. L'intérieur, distribué en plusieurs *cellœ* ou chapelles placées dans le pourtour, présente une véritable analogie avec la description que Pline nous a laissée d'un temple élevé à Clitomne, fleuve d'Ombrie, ancienne province romaine.

« Au milieu du temple de la Seine était une salle où se trouvait la source sacrée, qui s'écoulait par une rigole taillée dans la pierre et recouverte de dalles. A droite de la source, tarie aujourd'hui, s'élevaient quatre colonnes d'ordre dorique dont on retrouve les fragments et les bases encore à leur place. A la suite de cette décoration, deux marches en pierre d'une seule pièce donnaient entrée à l'une des chapelles, où probablement était placée la statue de la Déesse assise en face de la source principale. Des tronçons de colonnes, des chapiteaux et autres fragments attestent la richesse avec laquelle cette pièce était ornée. Les autres chapelles n'étaient pas décorées avec moins de somptuosité. Des marbres précieux taillés en moulures et en plaques destinées à revêtir les murailles, des enduits couverts de peintures à filets de différentes teintes, des pierres de

liais sciées pour pavage, des petits cubes en pierres de diverses couleurs ayant servi à composer des
mosaïques, épars çà et là, peuvent donner une idée
de la décoration intérieure de l'édifice.

« Quant à l'extérieur on n'a retrouvé que des fragments de fûts et de chapiteaux corinthiens, dont les
proportions annoncent qu'ils appartenaient à des
colonnes d'une grande hauteur. L'élévation que devaient avoir ces colonnes fait présumer qu'elles faisaient partie d'un péristyle dont on n'a découvert
que ces seuls fragments au milieu de nombreux débris de tuiles à rebord, comme on en rencontre ordinairement dans les anciennes constructions romaines.

« Ces faibles débris du monument suffisent déjà
pour constater sa grandeur, la magnificence de son
architecture extérieure et la splendeur de sa décoration intérieure. Passons maintenant aux objets qui
étaient disposés dans l'intérieur du temple, les uns
étant exposés à la vénération des mortels et les autres offerts à la divinité, et tous retirés des fouilles
parmi les ruines et les décombres. »

Ce rapport donne ensuite la description de ces objets ; nous en reproduirons nous-même des extraits
à la fin de cette notice, avec une copie du plan des
fondations du temple, qui paraît avoir été détruit vers

la fin du IVe siècle, sous le règne de l'empereur Magnus Maximus, subissant en cela la commune destinée de tous les monuments du culte païen, sur les ruines desquels s'élevait déjà triomphante, après plusieurs siècles de persécution, la religion chrétienne, dont le signe victorieux devait bientôt éclipser le trône des Césars.

Nous empruntons aussi à ce rapport un passage de sa conclusion, parce qu'il détruit complétement les objections et les critiques qui se sont élevées et peuvent s'élever encore contre le monument qu'on vient d'ériger, et la disposition exceptionnelle qui en est l'objet.

« Avant nous, on avait conjecturé qu'un temple avait existé jadis en l'honneur de l'un des plus beaux fleuves de la Gaule. Cette conjecture était fondée sur des raisons générales : le culte des anciens, leur respect pour les eaux; mais aucun fait certain, aucune preuve positive, ne venaient déposer en faveur de cette assertion. Aujourd'hui, grâce aux travaux de la Commission des antiquités de la Côte-d'Or, plus de controverse sur la situation, plus de doute sur l'existence du monument. Ce doute a passé à l'état de certitude. Les fondements du temple ont été mis au jour, les intéressantes reliques qu'il contenait au moment de sa destruction ont été retirées

2

des décombres pour nous initier aux mystères qui s'y célébraient...

« Cette découverte, fruit de longs travaux et de soins incessants, fera honneur à la persévérance de la Commission; on ne lui en contestera pas le mérite. La capitale de la France lui devra une page intéressante de son histoire, puisque la Seine fait sa richesse et sa beauté...

« Il nous reste à exprimer un vœu qui, dès le commencement de ces recherches, a toujours été dans la pensée de la Commission : c'est de voir élever sur ce lieu renommé un nouveau monument commémoratif de la consécration des sources de la Seine. Ce serait une cause de prospérité pour le pays. On n'y verrait plus, comme autrefois, des gens infirmes et valétudinaires adresser des vœux à la Seine pour obtenir leur guérison; mais de joyeuses compagnies s'y rendraient pour célébrer sa puissance et la libéralité de ses dons.

« L'idée d'une souscription ne pourrait que rencontrer sympathie et encouragement. — La ville de Paris elle-même ne refuserait point un *léger tribut* au fleuve qui est pour elle un élément si puissant de grandeur et de prospérité. »

Ce vœu si bien exprimé de la Commission, ce vœu que nous avions devancé, il y avait près de dix ans, ne fut pas entendu, pas plus que le nôtre ne l'avait été en 1834, lorsque M. Vatout, député de l'arrondissement de Semur, s'en rendit l'interprète et l'appui auprès de M. le Préfet de la Seine.

Voici la réponse qui nous fut transmise, et que nous ne saurions omettre de citer textuellement.

Le Conseiller d'Etat, préfet de la Seine, à M. Vatout, membre de la Chambre des députés.

Paris, le 18 février 1834.

MONSIEUR,

D'après le vœu que vous m'avez exprimé, j'ai soumis au Conseil municipal le projet de monument à élever aux sources de la Seine, et à l'érection duquel beaucoup d'habitants de la Côte-d'Or désireraient que la ville de Paris voulût bien concourir.

Je vous annonce avec regret que le Conseil n'a pas cru devoir accueillir cette proposition, dont l'objet lui a semblé totalement *étranger à la capitale*.

J'ai, en conséquence, l'honneur de vous renvoyer les pièces qui étaient jointes à votre lettre, et vous prie de croire à tout l'intérêt bien senti que m'in-

spire une demande appuyée de votre recommanda-
tion.

Recevez, Monsieur, l'assurance de ma haute considération et de mes sentiments affectueux.

Signé : Comte DE RAMBUTEAU.

Sans vouloir discuter cette lettre ni nous préva-
loir de l'avantage que nous donne l'état actuel des
choses, nous avouons que nous ne comprenons pas
comment le Conseil a pu penser que cet objet lui
semblait totalement *étranger à la capitale.* C'était
méconnaître l'évidence, et l'évidence a le privilége de
rester ce qu'elle est.

Mais poursuivons, en répétant qu'en septembre
1843, époque où nous fûmes transféré de la sous-
préfecture de Semur à celle de Rambouillet, le défaut
de ressources financières avait fait suspendre le projet, et qu'il était dans la même situation lorsque,
après la révolution de février et étant hors des fonc-
tions administratives, nous revînmes dans le canton
de Flavigny, où nous avions conservé des relations
et quelques intérêts. D'anciens souscripteurs nous
déterminèrent à nous réunir à eux pour faire revivre
ce projet, et c'est dans ce but qu'un placet fut pré-
senté à l'Empereur et un exposé à M. le Ministre;
mais il fut répondu que l'affaire intéressant particu-

lièrement la Côte-d'Or, c'était au préfet de ce département qu'il fallait s'adresser.

Ainsi, nous étions replacé dans les impossibilités
qui avaient paralysé tous nos efforts... Hâtons-nous
donc de dire par quel concours heureux de circonstances nous pûmes en triompher, et arrivons tout de
suite à l'historique ou sorte de procès-verbal que
nous avons tenu avec beaucoup d'exactitude. Nous y
montrerons, avec reconnaissance, l'utile coopération
de deux hommes également distingués dans leur art.
M. Hippolyte Le Bas, architecte, membre de l'Institut, et M. Heim, peintre d'histoire, aussi membre
de l'Institut. Hélas ! ils ne sont plus tous les deux, et
les arts déplorent leur perte en s'honorant des nombreux ouvrages qui leur assurent une juste célé-
brité.

En 1861, le *Journal de Rouen* (1) nous ayant fait
un appel aussi bienveillant qu'inattendu, nous vou-
lûmes y répondre, et, dans cette intention, nous nous
empressâmes de réclamer l'intervention et les lumiè-
res de ces deux membres éminents de l'Académie
des Beaux-Arts qui, connaissant le projet depuis
longtemps, pouvaient mieux le faire apprécier et

---

(1) Numéro du 24 juin 1861. L'article est de M. Alfred Darcel, l'un de
ses collaborateurs, littérateur distingué attaché à la surintendance des
beaux-arts, à qui la *Gazette des Beaux-Arts* est souvent redevable des
excellents articles qui la font rechercher.

l'appuyer. Sur leur adhésion, voici le résumé de
notre première conférence.

21 *octobre* 1861.

Nous, Hippolyte Le Bas, architecte, membre de
l'Institut ; François-Joseph Heim, peintre d'histoire,
membre de l'Institut, et Georges-Pierre Larribe, ancien sous-préfet de l'arrondissement de Semur, ancien chef de division à la préfecture de la Seine :

Dans le but de provoquer les mesures nécessaires
pour faire ériger un monument aux sources de la
Seine, situées sur la commune de Saint-Germain-la-
Feuille, canton de Flavigny, arrondissement de
Semur, département de la Côte-d'Or, avons reconnu
que notre premier soin devait avoir pour objet de
solliciter le concours de la ville de Paris dans la
souscription ouverte par le *Journal de Rouen* pour
l'exécution de ce monument. En conséquence, nous
avons adressé à M. le baron Haussmann, sénateur,
préfet de la Seine, la lettre suivante.

Paris, le 22 octobre 1861.

MONSIEUR LE PRÉFET,

Il y a bien longtemps que M. Le Bas et moi nous
nous sommes intéressés au projet d'ériger un monument aux sources de la Seine, projet formé en 1833
par l'un de nos amis, M. Larribe, qui était alors sous-

préfet de l'arrondissement de Semur, où se trouvent
ces sources. Aujourd'hui, le *Journal de Rouen* ayant
rappelé ce projet et ouvert une souscription pour
l'exécuter, M. Larribe, qu'il a prié de la diriger,
nous exprime le désir que nous le secondions de
nouveau de nos avis, et surtout que nous nous joi-
gnions à lui pour porter l'affaire à votre connaissance et solliciter votre appui.

Un programme existe déjà, mais il ne saurait lier
le comité qui se chargerait de l'entreprise, tout restant subordonné aux ressources qui seraient réalisées. A cet égard on obtiendra peu de chose dans la
Côte-d'Or, parce que les communes environnantes
ne sont pas riches. Ce n'est que dans le département
de la Seine-Inférieure que les souscriptions peuvent
être importantes, et certainement le but serait at-
teint si, sous vos favorables auspices, la ville de
Paris donnait l'exemple. Nous serions donc heureux
d'apprendre que notre communication a pu obtenir
votre attention, et que vous nous permettriez de
vous soumettre, de concert avec M. Larribe, les propositions qui s'y rattacheront.

Agréez, Monsieur le Préfet, l'assurance de notre
respectueuse considération.

Ce magistrat nous ayant invités, par une lettre de
son ordre du 8 novembre, à lui faire connaître nos

propositions, nous les lui avons soumises le 16, dans les termes ci-après :

« MONSIEUR LE PRÉFET,

« En réponse à votre lettre du 8 de ce mois, nous avons l'honneur de vous adresser nos propositions pour le monument à ériger aux sources de la Seine. — S'il fallait une conférence à la préfecture, et que vous eussiez la bonté de nous en indiquer le jour et l'heure, nous nous empresserions de nous y rendre. Nous ajouterons, Monsieur le Préfet, qu'il nous paraît essentiel pour donner à notre programme, au point de vue de l'art, toute l'autorité désirable, que vous voulussiez bien le communiquer à l'Académie des Beaux-Arts, pour avoir ses observations et son avis. Nous exprimons donc ce vœu et serions charmés qu'il pût être accueilli.

« Agréez, etc. »

PROGRAMME.

La Seine prend sa source dans un petit vallon entouré de bois et très isolé, dépendant de la commune de Saint-Germain-la-Feuille, qui, par ce motif, avait porté, de 1793 à 1814, le nom de Source-Seine.

Avant le chemin de fer, en suivant la grande route de Paris à Dijon, Chanceaux était le relais le plus rapproché de ce vallon. Il en est à 5 kilomètres. Le relais qui suivait était Saint-Seine-l'Abbaye, qui est à 10 kilomètres ; on y venait aussi par le village de Saint-Germain-la-Feuille, distant de 1 kilomètre 3/4.

Depuis le chemin de fer, qu'on vienne soit du côté de Paris, soit du côté de Dijon, les deux stations les plus rapprochées sont celles de Darcey et de Verrey, mais il reste 15 kilomètres environ à faire en voiture.

Les bois qui bordent ce vallon appartiennent d'un côté aux communes de Saint-Seine et de Poncey, arrondissement de Dijon, et de l'autre à Saint-Germain-la-Feuille, arrondissement de Semur.

Il y a six naissances d'eau, dont plusieurs tarissent entièrement dans les temps de sécheresse. Les principales, en se réunissant à l'extrémité du vallon, forment le ruisseau qui, après s'être versé à 1 kilomètre dans l'étang de Grillande, en sort pour prendre une véritable pérennité et commencer le cours du beau fleuve de la Seine. Si, du reste, ces sources, qui sont appelées dans des titres de propriété *Fontaines de la Seine*, sont dans une solitude et assez loin des relais des stations, les chemins vicinaux ou ruraux qui y conduisent sont viables et offrent des promenades variées et intéressantes.

Détails historiques et administratifs.

Ces détails étant compris, en majeure partie, dans ceux qui précèdent. nous les supprimons ici, à l'exception de quelques-uns, desquels il résulte que le Conseil d'arrondissement de Semur avait, sur la proposition du sous-préfet, demandé une allocation de 1,000 francs au budget départemental, mais que le Conseil général l'avait ajournée indéfiniment; que, de son côté, M. le Ministre avait refusé toute subvention, par le motif que le crédit des monuments historiques avait pour destination de réparer et non de construire.

Qu'à l'égard des programmes qui avaient été dressés successivement, ils étaient au nombre de trois, savoir :

Celui de M. Jacotot, joint au rapport de 1833, et consistant en une colonne en pierre, et une borne-fontaine, avec des terrassements et plantations ;

Celui de M. Larribe (année 1837), consistant dans la statue Hermès de la Seine, en bronze sur piédestal en pierre, avec des bas-reliefs aux trois faces et une inscription en français sur la quatrième, un petit bâtiment ou kiosque pour un gardien, qui eût été le garde forestier de Saint-Seine ;

Celui du Préfet (année 1843), consistant en une colonne milliaire portant, outre le millésime, ces mots : *Source-Seine*.

Examen fait de ces données et prenant un terme moyen, les soussignés ont pensé qu'il conviendrait, dans le double intérêt de l'art et de l'histoire :

1° D'ériger la statue en bronze de la Seine, avec son urne, sur un piédestal de pierre, sur l'une des faces duquel serait gravée une inscription en français qui serait demandée à l'Académie des inscriptions et belles-lettres. On mettrait sur les autres les attributs et les noms des villes de Paris, Rouen, le Havre, etc.

Une grille en fer entourerait le monument ;

2° De construire un kiosque ou petit logement de gardien ;

3° D'exécuter les travaux de terrassement et de plantation qui seraient nécessaires.

La dépense totale, dans ces conditions, pourrait monter à 15 ou 16,000 fr.

Audience de M. le Préfet.

Sur une lettre adressée à chacun de nous le 28 novembre 1861, nous nous sommes rendus le 30, à midi, à l'hôtel de ville, auprès de M. le Préfet, qui, après nous avoir entendus avec une bienveillante at-

tention, nous a exprimé son désir de seconder notre
projet, qui reposait sur des faits et des souvenirs historiques d'un véritable intérêt, et qui n'appartiennent
qu'au fleuve de la Seine; car il n'avait rien remar-
qué d'analogue quand il avait visité les sources de
plusieurs rivières, et notamment celles de la Loire
et de la Garonne; que, sans doute, les eaux de la
Seine n'offraient pas, pour les besoins de la population de Paris, toutes les conditions désirables de salubrité, et que c'était pour remédier à ce grave incon-
vénient qu'il avait déterminé le Conseil municipal
à faire venir de bien loin des eaux abondantes et
salubres. A ce sujet, il rappelle les nombreux exemples que nous ont légués les peuples anciens, et par-
ticulièrement les Romains par leurs immenses
aqueducs, soit à Rome, soit dans la Gaule pendant
leur domination. Il n'omet pas non plus les exemples
contemporains, qui comprennent tant de travaux
aussi recommandables par leur utilité qu'admira-
bles par leur exécution; mais tout cela ne saurait
rien ôter à l'immense importance de la Seine, ni au
sentiment qui doit faire concourir à la glorification
qu'on lui avait déjà consacrée. Il adopte donc l'idée
d'un monument, et, sans rien préjuger, celle d'une
statue allégorique de la Seine; mais il croit qu'il
faudrait que cette statue fût représentée demi-couchée sur un piédestal parallélogramme qui, par cette

forme, laisserait plus d'espace pour inscrire avec
leurs attributs les noms des villes qui auraient contri-
bué à son exécution. Il voudrait aussi, mais toujours
à titre d'indication, que l'eau s'écoulât réellement
de l'urne de la Seine, comme on le voit dans les figures de fleuves qui ornent les bassins du nord et du
sud dans le palais de Versailles. Dans ce cas, il y aurait à faire une étude du sol sous le rapport hydraulique; mais il y pourvoirait en envoyant sur les lieux
un ingénieur qui réunirait tous les renseignements
nécessaires pour la solution de cette question.

Ensuite, en examinant l'ancien plan joint aux
pièces, M. le Préfet demande si l'emplacement est
entièrement communal et peut dispenser de faire
une acquisition de terrain. M. Larribe répond par
l'affirmative, dans l'appréhension où il est que des
dépenses extraordinaires ne viennent paralyser le
projet. Il annonce d'ailleurs qu'il aura bientôt de
M. le maire de Saint-Germain-la-Feuille un rapport
qui constatera que, sauf les formalités administratives, cet emplacement sera libre dès que l'on vou-
dra, en retour des avantages du monument. Il ajoute
qu'il produira aussi un plan nouveau et une vue de
la localité.

Relativement à la dépense, que nous avons évaluée
approximativement à 15 ou 16,000 francs, M. le
Préfet espère que la ville de Paris seule pourra se

charger de la statue, lors même que les frais dépasseraient notre évaluation ; mais il y aurait lieu de laisser les autres dépenses, et notamment celles du piédestal, à la charge des villes et des personnes qui auraient pris part à la souscription. Il ne doute pas, à cet égard, du concours de la Côte-d'Or, qui possède les sources de la Seine sur son territoire, et va voir s'élever le monument que bien des vœux paraissent réclamer depuis longtemps.

Appréciant enfin tout ce qu'avait d'opportun et de convenable notre désir que l'Académie des beaux-arts fût consultée sur le meilleur programme à suivre dans cette circonstance, M. le Préfet donne l'assurance qu'il s'empressera d'écrire à M. le Président, en lui communiquant les pièces et le recommandant à tout l'intérêt de l'Académie.

Notre gratitude et nos remercîments lui étaient justement acquis, et, après les lui avoir exprimés, nous nous sommes retirés étant bien convaincus que, sous de si favorables auspices, le succès de notre entreprise était assuré.

Il n'y eut pas de retard ; car, sur la lettre de M. le Préfet, en date du 6 décembre suivant, l'Académie des beaux-arts, dans sa séance du 7, nomma pour l'examen du projet une Commission composée des membres ci-après :

MM. Heim et Le Bas, membres de droit; ensuite :

Peinture.	Couder. Coguiet.	*Sculpture.*	Dumont. Nanteuil.
Architecture	Gilbert. Duban.	*Gravure*	Gatteaux. Martinet.
Académiciens libres.	Baron Taylor. De Cailleux.	*Musique*	Amb. Thomas. Carafa.

Elle décida en même temps que cette Commission se réunirait le 14 décembre à une heure, à l'Institut, pour s'occuper de ce travail et en rendre compte. Cette réunion eut lieu exactement, nous y fûmes appelés, et, après une discussion approfondie, MM. Le Bas, Duban et Gilbert furent chargés de rédiger un projet qui, ayant été adopté par la Commission, fut, dans la séance du 28, soumis à l'Académie, qui arrêta le programme suivant :

« La source de la Seine semble avoir été à une époque reculée l'objet d'un culte renommé. Des ruines, des fragments de toute espèce découverts sur son sol, témoignent que nos ancêtres n'ont pas partagé notre indifférence au sujet du fleuve qui, de la Bourgogne à la mer, en traversant la capitale de la France, répand dans les campagnes l'abondance et la fertilité, et transporte de contrée en contrée les produits de la nature et de l'industrie.

« Des esprits distingués ont pensé qu'à cet égard la France moderne ne devait avoir rien à envier à la Gaule romaine, et se sont réunis dans une action commune pour essayer de réparer ce long oubli.

« Dans ce but, ils se sont adressés à M. le Préfet de la Seine et aux autres administrateurs des départements que traverse le fleuve, afin que ces départements voulussent bien coopérer à la dépense d'un monument à ériger aux sources de la Seine.

« M. le Préfet de la Seine a accueilli avec un honorable empressement la demande qui lui était faite à ce sujet, et a promis de concourir dans une mesure libérale aux frais de l'exécution de ce monument, dont la classe des beaux-arts et de l'Institut voudrait bien déterminer le programme.

« L'Académie, en se félicitant de pouvoir s'associer à ce noble dessein, expose ici les vues qui lui semblent devoir diriger la conception des projets auxquels les motifs ci-dessus pourraient donner lieu.

« Dans un sujet que ne domine pas absolument **une** idée d'utilité positive, et qui ne relève que de l'imagination, l'Académie ne croit pas devoir fixer des conditions précises, soit de disposition, soit de forme. Elle se borne à indiquer que la destination de ce monument est d'abriter à sa naissance le filet d'eau, qui bientôt devient le fleuve que nous voyons traverser Paris, et que, par la juste mesure de son élévation au-dessus du sol, il doit se détacher pour l'œil du tertre auquel il serait adossé.

« Le point où l'on voit sourdre sa source ne devrait être dénaturé par aucun travail hydraulique, et l'art qui donnera à ce lieu sa signification devra respecter l'émergence naturelle de l'eau.

« En s'abstenant de rien préciser en ce qui touche le caractère du monument ou sa décoration, l'Académie insiste sur ce point, que le développement de sa composition et de sa décoration, quelle qu'en soit la nature, doit offrir la plus grande sobriété. A ses yeux, en effet, la destination du monument exige un caractère de simplicité robuste et de perennité.

« L'Académie pense que ce monument pourrait être l'objet d'un concours public. »

Le 4 janvier 1862, M. le Secrétaire perpétuel adressa ce programme à M. le Préfet, qui, n'omettant rien de ce qu'il avait annoncé dans la conférence du 16 novembre 1861, avait demandé à M. Belgrand (1), ingénieur en chef des eaux de la ville de Paris, le plan et le nivellement des sources de la Seine. Cet ingénieur en chef, en adressant ce travail à M. le

---

(1) M. Belgrand, inspecteur général des ponts et chaussées, directeur des eaux et égouts de Paris, s'était fait connaître par ses habiles travaux pour amener des eaux abondantes et salubres à Avallon (Yonne). Appelé à Paris et admis à la tête du service qu'il dirige depuis longtemps, il a été chargé par M. le Préfet des études et de l'exécution du grand projet de la dérivation et des aqueducs des rivières de la Dhuis et de la Vanne, devant assurer aux besoins de la capitale un accroissement de 130,000 mètres cubes, au moins, de très bonnes eaux, moyennant une dépense d'environ 60 millions.

Directeur des travaux d'architecture, s'exprimait ainsi dans son rapport, sous la date du 5 mars 1862 :

« MONSIEUR LE DIRECTEUR,

« J'ai l'honneur de vous transmettre, avec le dossier, le plan et le nivellement de la vallée des sources de la Seine. — Cette source s'appelle la Douix et non la Duy, comme on l'a mis sur le plan. Ce nom, plus ou moins altéré, se retrouve fréquemment dans le bassin de la Seine et sert à désigner des sources remarquables.

« La Douix est une assez grande source qui sort jusqu'au niveau du fond de la vallée d'un terrain calcaire faisant partie de la formation oolithique et désigné par les géologues sous le nom de terre à foulon, quoiqu'il ne contienne pas d'argile pure, mais de la marne et des calcaires marneux.

« La Seine, du reste, n'est pas pérenne à partir de sa source jusqu'à Châtillon, sur une longueur de 50 kilomètres environ, quoiqu'on y trouve plusieurs sources intarissables ; elle se perd complétement en été dans les années sèches sur une longueur de 5 à 6 kilomètres, entre Buncey et Châtillon. A l'aval de cette dernière ville, dans un des faubourgs, se trouve une énorme source qui porte aussi le nom de

Douix, et qui devient alors la véritable origine du fleuve, puisqu'il est à sec en amont.

« La Seine a donc deux sources initiales, qui portent toutes deux le nom de Douix. L'une, celle des temps humides, située sur le territoire de Saint-Germain-la-Feuille ; l'autre, celle des temps secs, située à 50 kilomètres plus bas, dans un des faubourgs de Châtillon.

« A Saint-Germain-la-Feuille, la vallée du fleuve, comme le prouvent les profils ci-joints, est étroite et peu profonde. Les coteaux peu élevés qui la bordent sont arides à leur sommet, caractère général des coteaux de Bourgogne, sauf dans le Morvan et dans l'Auxois. Le fond de la vallée, au contraire, est assez riant. En somme, l'aspect général du pays est triste et peu pittoresque, quoique très boisé.

« L'autre Douix, au contraire, sort du pied d'un cirque de rochers calcaires taillés à pic et qui ont un certain caractère de grandeur. L'église principale de Châtillon, Saint-Vorles, placée au sommet, presque au-dessus de la source, quoique d'une très médiocre architecture, gagne beaucoup à raison de la beauté du site.

« C'est là qu'un artiste pourrait faire apprécier tout son talent. En sera-t-il de même à Saint-Germain-la-Feuille ? Le site est bien ordinaire et un peu trop écarté de toute voie de communication ;

mais c'est le lieu consacré par nos ancêtres gallo-
romains.

« Agréez, etc. »

Sur ce travail, et après avoir réuni, par notre in-
termédiaire, les renseignements dont il avait besoin,
M. le Directeur fit à M. le Préfet le rapport suivant,
sous la date du 3 juin 1862 :

« MM. Le Bas, architecte, membre de l'Institut ;
Heim, peintre, aussi membre de l'Institut, et Larribe, ancien chef de division à la préfecture de la
Seine, ancien sous-préfet de l'arrondissement de
Semur (Côte-d'Or), ont adressé à M. le Préfet une
demande à l'effet d'obtenir son appui et le concours
de la ville de Paris pour l'érection d'un monument
aux sources de la Seine, sur le territoire de la commune de Saint-Germain-la-Feuille.

« M. le Préfet les a fait inviter à lui remettre une
note précisant leurs propositions. Elle fut déposée
promptement et se résumait en ces termes :

« Erection d'une statue en bronze représentant la
Seine au-dessus d'un piédestal en pierre entouré
d'une grille en fer, et sur les faces duquel sera la
bouche d'eau. La dépense était évaluée à 15,000 fr.
Du reste, on exprimait le vœu que ce programme

fût communiqué à l'Académie des beaux-arts. Cette
communication eut lieu le 10 décembre 1861, et
l'Académie répondit en émettant cette opinion que
pour un tel sujet elle ne croyait pas devoir fixer de
conditions précises, se bornant à faire remarquer
que la destination du monument est d'abriter, à sa
naissance, le filet d'eau qui bientôt devient le fleuve
que nous voyons traverser Paris ; qu'alors, par la
juste élévation au-dessus du sol, il doit se détacher, pour l'œil, du tertre auquel il serait adossé :
que le développement de sa composition et décoration doit offrir la plus grande sobriété et présenter
le caractère d'une simplicité robuste et de pérennité.

« L'Académie termina en exprimant le vœu que ce
monument fût l'objet d'un concours public.

« M. le Préfet prescrivit alors qu'on fît relever un
plan et un nivellement des lieux. Ce travail fut fait
par les ponts et chaussées, et fut remis, accompagné
d'un rapport, le 15 mars dernier.

« D'autres plans et une vue perspective avaient été
remis antérieurement par M. Larribe, en sorte qu'aujourd'hui tous les documents nécessaires se trouvent
réunis et classés. Mais une difficulté s'élève : c'est la
question de propriété du territoire sur lequel se
trouvent les sources de la Seine. Pour le moment, ce
territoire dépend de la commune de Saint-Germain-

la-Feuille et côtoie celui des communes de Saint-
Seine et de Poncey.

« Six sources principales, parmi lesquelles on en
distingue une consacrée par la tradition et par des
vestiges de constructions et des fragments de sculpture antiques, se trouvent dans des prés qui appartiennent à M. Chaussier de Bligny.

« Il paraîtrait opportun qu'avant tout la ville de
Paris, la principale intéressée dans la question, devînt propriétaire de ces prés sur une longueur d'environ quatre cents mètres, depuis la source la plus
élevée jusqu'à la plus basse, près du chemin de la
Douix à Saint-Germain-la-Feuille, et sur une largeur d'environ cinquante mètres, soit deux mille
mètres de superficie.

« Alors les sources seraient colligées, les eaux
aménagées avec soin, et l'on pourrait utilement s'occuper d'un monument; car il ne conviendrait guère
que la ville de Paris constituât quelque chose de
durable et de définitif sur un terrain dont la propriété serait sujette à contestation.

« Dans cette situation, l'architecte-directeur
soussigné a l'honneur de proposer à M. le Préfet
d'écrire à son collègue de la Côte-d'Or, pour avoir,
par M. le sous-préfet de l'arrondissement de Semur et par M. le maire de Saint-Germain-la-Feuille,
des réponses aux questions suivantes. Il voudrait

bien aussi écrire directement, dans le même sens, à M. Larribe, qui, en qualité d'ancien sous-préfet de Semur, a pris l'initiative de cette affaire.

« Quel est ou quels sont les propriétaires des prés où se trouvent les sources de la Seine, depuis la source la plus haute jusqu'à la plus basse, près du chemin de la Douix à Saint-Germain-la-Feuille, sur une longueur d'environ quatre cents mètres et une largeur de cinquante mètres ? Ce ou ces propriétaires seraient-ils disposés à en faire la cession à la ville de Paris, et à quelles conditions ? »

Nous reçûmes bientôt (le 18 juin) une lettre par laquelle ce chef de service nous informait que M. le Préfet avait décidé que le projet d'ériger un monument aux sources de la Seine était susceptible d'exécution, et qu'il espérait que la ville de Paris n'y refuserait pas son concours;

Mais qu'il convenait, avant tout, de s'assurer la propriété du terrain sur lequel il serait élevé, ainsi que de l'emplacement sur lequel on compte six sources différentes, la dépense ne pouvant être considérable ;

Que nos relations et notre influence locales nous mettaient à même, plus que personne, de pressentir à cet égard les dispositions des propriétaires ;

Qu'en conséquence M. le Préfet nous priait de tenter tout à fait *officieusement* une démarche dans ce sens, et même de préparer un projet d'acquisition éventuel qu'il se réservait d'adopter s'il y avait lieu.

Nous ne perdîmes pas de temps pour satisfaire à ces instructions, et, le 25 juillet, nous reçûmes avec une réponse de M. Focillon, notaire à Flavigny :

1° Trois promesses de ventes écrites sur papier timbré, faites et signées par MM. Belin, Arnaud et Chaussier, propriétaires ;

2° Copie sur papier libre de la délibération prise le 20 du même mois de juillet par le Conseil municipal de Saint-Germain-la-Feuille, dûment autorisé, concernant la cession des terrains qui étaient demandés à cette commune.

Au mois d'août suivant, nous adressâmes à M. le Directeur :

1° La délibération du 20 juillet, par laquelle le Conseil municipal de Saint-Germain-la-Feuille consentait à vendre pour une partie à 30 fr. l'are, et pour l'autre à 50 fr.;

2° Les promesses de MM. Bélin, Arnaud et Chaussier, de vendre, savoir : le premier à 40 fr. l'are et les autres à 50 fr. ; un peu plus tard, pour compléter le plan général, celles des sieurs Roland, Dumont, Theuriel et Belin-Chambrette, au prix de 30 à 40 f. l'are ;

3° Un extrait du plan cadastral des terrains, plan relevé par M. Millot (1), agent-voyer du canton de Flavigny.

Nous ajoutions :

« Vous ne manquerez pas de remarquer, Monsieur le Directeur, qu'il est urgent de faire délimiter ces terrains, afin que chaque propriétaire connaisse la portion qu'il doit livrer et que la commune puisse remplir les formalités qui la concernent. Cette délimitation sera facile au moyen, soit des plans qu'a déjà fournis M. l'ingénieur en chef Belgrand, soit de celui de M. l'agent-voyer Millot, lequel y procédera avec autant d'intelligence que d'exactitude. On pourra se référer aussi aux dessins et vues que nous avons réunis l'année dernière, et qui sont au dossier

(1) M. Millot a pris sa retraite, comme agent-voyer de 1ʳᵉ classe, à Flavigny, résidence qu'il n'a pas voulu quitter. C'est lui qui, pendant quatre ans et demi, a fait exécuter toutes les fouilles ordonnées par les officiers de l'empereur autour de l'ancienne Alise, assiégée et prise par César. C'est lui aussi qui a fait spécialement les recherches relatives à l'ancienne voie romaine d'Alise sur Langres.

avec plusieurs lettres de M. le docteur Guettet, directeur de l'établissement hydrothérapique de Saint-
Seine-l'Abbaye.

« Enfin, il appartiendra à M. le Préfet de se mettre
en mesure de réaliser les acquisitions et d'obtenir
que M. le Préfet de la Côte-d'Or donne à la commune
de Saint-Germain-la-Feuille les autorisations dont
elle a besoin.

« J'ai l'honneur, en conséquence, de vous prier
de vouloir bien, en lui soumettant l'affaire, demander une prompte résolution et me la faire connaître.»

On comprend que tout étant subordonné à la créa-
tion des ressources financières, il fallait que M. le
Préfet les sollicitât du Conseil municipal et de la
Commission départementale ; ce qui devait être
ajourné jusqu'à la double session, ayant lieu à la fin
de l'année.

Le 15 novembre, nous eûmes la satisfaction de
recevoir de M. Baltard une lettre par laquelle il
nous informait que le Conseil municipal avait, le 14,
émis un avis favorable sur le projet et les acquisitions de terrain, et voté un crédit de 5,000 fr., en
espérant que le Conseil général allouerait une
semblable somme par les mêmes motifs et dans les
mêmes conditions. Cette espérance fut réalisée par

la délibération qui est intervenue le 19 décembre 1862 en session départementale. Il résulte des renseignements que nous recueillîmes à cette époque, et nous sommes heureux de le rappeler ici . que le Conseil municipal formula son principal considérant sur ce qu'il importait de consacrer, par un monument convenable qui les protégeât contre toute atteinte, les sources de la Seine, dont les eaux, en traversant de l'est à l'ouest une partie de la France, y répandent la salubrité en fertilisant le sol et en offrant au commerce des départements qu'elles parcourent des débouchés et des moyens d'accès d'une importance considérable ;

Que la ville de Paris, surtout, avait le plus grand intérêt à ce que les sources de ce grand fleuve fussent maintenues en bon état ;

Qu'elle devait, par conséquent, contribuer pour une part notable à l'acquisition des terrains sur lesquels ces sources reposent, et à la construction du monument qui, en les indiquant aux regards, soit leur sauvegarde.

Aussitôt après la réception de la lettre de M. Baltard, lettre déjà citée, nous avions adressé nos remerciements à M. le Préfet pour une communication qui avait d'autant plus de prix pour nous, qu'il y avait vingt-huit ans que le Conseil municipal d'alors rejetait une proposition analogue que nous avions faite, et qu'il donnait pour motif que cet objet lui semblait *totalement étranger à la capitale*.

Notre satisfaction fut plus vive lorsque, le 25 février 1863, nous reçûmes de ce magistrat la lettre dont la teneur suit :

« MONSIEUR,

« Le Conseil municipal de la ville de Paris, par une délibération en date du 14 novembre 1862, a adopté, en principe, le projet de construction d'un monument aux sources de la Seine. Il a voté en outre l'acquisition, dans la limite d'une somme de 10,000 fr., y compris les frais principaux et accessoires, des terrains nécessaires pour former l'emplacement du monument projeté.

« La Commission départementale a, de son côté, voté l'allocation d'une somme de 5,000 fr., représentant sa part contributive dans la dépense.

« Vous trouverez ci-joint copie de ces deux délibérations.

« Je vous prie, Monsieur, de vouloir bien vous charger officiellement des soins et démarches à faire pour réaliser devant le notaire de la localité les promesses de vente consenties par les divers propriétaires des terrains à acquérir, dans la limite des prix et quantités énumérés au tableau ci-annexé.

« Il vous sera tenu compte de vos frais de déplace-
ment.

« Agréez, Monsieur, l'assurance de ma considération très distinguée.

« *Le Sénateur Préfet de la Seine,*

« *Signé* : HAUSSMANN. »

Nous nous empressâmes, en conformité de cette
lettre, d'écrire à M. Focillon, notaire à Flavigny,
chef-lieu du canton dont la commune de Saint-Germain-la-Feuille fait partie. Nous le connaissions depuis longtemps, et savions que nous pouvions nous
reposer sur ses soins actifs et intelligents. Le
28 février il nous répondait qu'il serait à notre disposition pour le lieu et le jour que nous choisirions
pour la passation des actes, et qu'il nous demandait,
le plus tôt possible, l'envoi des soumissions, la
lettre de M. le Préfet constatant notre mandat, les
deux délibérations s'y rapportant, et l'arrêté de M. le
Préfet de la Côte-d'Or autorisant la commune de
Saint-Germain-la-Feuille à traiter.

Les formalités tutélaires auxquelles est soumise
l'aliénation d'une propriété communale entraînent
d'assez longs délais. Il faut, après la première délibération du Conseil municipal, la levée du plan,
l'enquête *de commodo et incommodo*, une seconde

délibération et la transmission régulière par le sous-
préfet de toutes les pièces au Préfet, qui statue par
un arrêté.

Ce ne fut donc que vers la fin de mai que nous
pûmes nous concerter avec M. le Maire (1) pour
convenir du jour où les vendeurs pourraient être
appelés, et où nous pourrions nous trouver nous-
même à Saint-Germain-la-Feuille avec le notaire.
C'est le 25 mai qui fut choisi, et la réunion eut lieu
chez M. le Maire, qui, dans cette circonstance comme
dans tout le cours de l'affaire, n'a cessé d'y montrer
le zèle le plus sympathique et le plus utile.

Les actes furent passés sans autre difficulté que
celle que fit naître M. Chaussier, l'un des vendeurs,
et que nous expliquerons plus tard. Nous nous bor-
nons présentement à rapporter la manifestation des
sentiments de gratitude des principaux habitants de
la commune et des environs, témoignage qu'ils vou-
lurent consigner immédiatement dans une lettre à
M. le Préfet de la Seine et nous charger de la lui
transmettre.

Voici la teneur de cette lettre :

(1) **M.** Jacotot, maire depuis bien des années, a toujours, à l'exemple
de son père, pris le plus vif intérêt à ce projet, et nous ne saurions
trop rappeler son obligeance et ses soins toutes les fois qu'ils sont nécessaires.

« Monsieur le Préfet,

« Le Maire, le curé et les principaux habitants de Saint-Germain-la-Feuille (Côte-d'Or), qui viennent d'assister à la conclusion des actes qui rendent, en votre nom, la ville de Paris propriétaire de la majeure partie du vallon où naissent les sources de la Seine, sur le territoire de cette commune, ne veulent pas laisser partir M. Larribe, votre honorable mandataire et l'un de nos anciens sous-préfets, sans consigner ici, sans vous offrir l'expression de leur vive reconnaissance pour ce que vous venez de faire et vous proposez de faire encore, dans le but de leur assurer l'exécution d'un monument qu'ils désirent depuis si longtemps et qu'ils n'obtiendraient peut-être jamais sans vous. En effet, Monsieur le Préfet, à peine avez-vous eu connaissance du projet de ce monument dont M. Larribe avait eu l'idée dès 1833, que vous l'avez agrandi, que vous l'avez proportionné à l'importance du puissant patronage que vous lui réserviez. Ainsi, par votre initiative et par les généreuses subventions de la ville de Paris et du département de la Seine, ce monument, au lieu d'être érigé sur un petit espace emprunté à notre terrain communal, pourra s'élever au milieu de tout l'emplacement comprenant les six sources, dont il sera en quelque sorte le fanal et le gardien.

Puisse donc votre œuvre s'accomplir et le monument sortir promptement des mains savantes de vos habiles artistes! Puisse avoir lieu bientôt son inauguration, qui va relier les vieilles légendes de notre modeste village avec les grandes annales historiques de la capitale! Puisse enfin cette solennité vous amener parmi nous et nous mettre ainsi à même de remercier de nouveau le magistrat éminent qui depuis neuf ans dans l'immense administration parisienne sait si bien comprendre et réaliser les nobles et bienfaisantes pensées de l'empereur.

« En attendant, tous, aujourd'hui, Monsieur le Préfet, ils vous prient d'agréer l'assurance de leur très haute et respectueuse considération.

(Suivent les signatures au nombre de vingt.)

« *P.-S.* — Les soussignés, qui savent par M. Larribe combien MM. Le Bas et Heim, membres de l'Institut, l'ont aidé auprès de vous, les en remercient cordialement. Ils remercient aussi l'Académie des beaux-arts tout entière, qui, lorsque vous l'avez consultée, a voté à l'unanimité l'érection de ce monument. M. Baltard, directeur des travaux d'architecture de la préfecture, doit être compris, à tous égards, dans ces remercîments. »

Le lendemain 25, nous étant arrêté à Sainte-Reine, l'ancienne Alise, qui a vu renaître son nom et son histoire dans un savant ouvrage (1) et s'élever sur son propre sol la statue de Vercingétorix, le dernier défenseur de la Gaule, nous informâmes M. le Directeur des travaux d'architecture des acquisitions que nous avions faites, et en même temps du refus de M. Chaussier de rien céder au delà de six ares, à moins qu'on ne lui payât le surplus de sa propriété 100 fr. l'are au lieu de 50 fr., ainsi qu'il en avait fait additionnellement la réserve sur sa soumission primitive, qui lui avait été communiquée par M. le notaire Focillon.

Nous ajoutions que deux motifs nous avaient déterminé à traiter pour ces six ares : l'insuffisance des crédits et la question de savoir s'il était indispensable d'avoir la totalité de ce pré.

C'est pendant notre passage à Sainte-Reine que le directeur de l'établissement hydrothérapique de Saint-Seine, M. le docteur Guettet, qui assistait à la réunion de Saint-Germain-la-Feuille, nous fit parvenir la copie de la lettre qu'il avait adressée à M. le Sénateur-Préfet de la Seine pour lui exprimer, tant en son nom qu'au nom des principaux habitants de la commune, les sentiments de gratitude

(1) *Histoire de Jules César*, 3 volumes, 1865, chez H. Plon, libraire-éditeur.

4

dont les pénétrait un bienfait qui devait s'étendre aux intérêts de voisinage et créer des relations plus faciles.

De retour à Paris, et sur la demande de M. le Directeur, nous fîmes connaître à M. Chaussier que l'administration avait réellement besoin de son pré, et, en même temps, nous priâmes plusieurs personnes notables d'intervenir auprès de lui pour le décider à faire cette cession au même prix que ces six ares, c'est-à-dire à 50 fr. l'are ; mais il répondit négativement à nos instances aussi bien qu'à une lettre de M. le Préfet qui lui faisait remarquer que les termes de sa soumission du 26 juin 1862 pouvaient le faire contraindre à cette cession.

Plus tard, et lorsque la ville put payer régulièrement le prix de ses acquisitions, nous réunîmes les pièces nécessaires, et nous fîmes parvenir les fonds au notaire, qui les distribua, sur leurs quittances, aux vendeurs.

Ensuite, et dans le but de presser l'œuvre administrative, le 6 septembre 1863, en rappelant à M. le Préfet ce que nous avions fait en vertu de sa délégation, et rappelant aussi l'objection de la direction des travaux, qu'il eût mieux valu ne rien acheter à M. Chaussier, afin de ne rien ôter à l'application littérale de sa soumission, nous exposions :

1° Qu'il nous avait paru peu convenable de réserver

un procès là où ce propriétaire prétendait invoquer une question de bonne foi, et dans une affaire où les sages instructions de M. le Préfet nous recommandaient de procéder à l'amiable et par une entière conciliation.

2° Que M. le Maire et les notables du pays, et l'agent-voyer, homme très intelligent, avaient été unanimes, quand nous étions sur les lieux, pour nous engager à accepter les six ares, qui, suivant eux, régulariseraient le périmètre acheté et pourraient suffire au projet. Ils ajoutaient que dans ces six ares existait la seule source qu'on pouvait vouloir posséder, et que les deux petites naissances d'eau qui sont en dehors ne peuvent être considérées comme des sources, attendu quelles ne sont que des mouillières qui tarissent en été, et qu'enfin c'était à tort que M. Chaussier a répété dans l'origine qu'il était possesseur de l'une des véritables sources du fleuve, cette assertion se détruisant par ce seul fait que le bétail de sa ferme des Vergerots ne trouve pas les moyens de s'y abreuver et vient les chercher dans la source principale, sur le terrain communal, fait qui est constaté dans l'acte de vente consenti par lui le 25 mai.

Telles étaient donc les raisons qui nous avaient dirigé et nous avaient fait remettre à la sagesse de M. le Préfet le soin de décider la question.

Nous faisions remarquer d'ailleurs que si elle était résolue affirmativement et qu'il fallût allouer les 100 francs l'are exigés par M. Chaussier, il y aurait pour les cinquante-trois ares à acquérir un surcroît de dépense de 5,300 francs, qui, réunis au 5,555 francs déjà employés, feraient, en principal, 10.825 francs, et, avec les frais de 1,500 francs environ, un total de 12,885 fr., excédant de 2,385 fr. les crédits, montant à 10,000 fr.

Après ces observations spéciales au point de vue financier, nous réclamions la bienveillante sollicitude de M. le Préfet pour que le projet de monument fût mis à l'étude et que les ressources nécessaires pour l'exécuter fussent assurées. Nous nous abstenions de parler de l'idée d'en faire l'objet d'un concours, car nous savions qu'il n'était pas assez important pour ce mode exceptionnel proposé par l'Académie des beaux-arts, qui ne s'y serait pas arrêtée si elle avait connu la limite financière à laquelle on était soumis.

Cependant la discussion engagée avec M. Chaussier restant toujours la même, la direction des travaux d'architecture, en s'appuyant des termes de la soumission, avait proposé de recourir aux voies judiciaires. Le comité consultatif et le conseil municipal avaient été de cet avis, et le conseil de préfecture avait rendu une décision dans le même sens.

Le procès avait été porté devant le Tribunal de Semur (Côte-d'Or) ; mais, sur de nouveaux renseignements, la direction des affaires municipales (bureau
du domaine municipal) (1) fit un rapport à M. le
Préfet pour démontrer les considérations qui devaient
empêcher ce procès, et pour demander qu'on cher-
chât à le terminer par une transaction, c'est-à-dire
par l'offre à M. Chaussier de 80 fr., au lieu de 100 fr.
l'are qu'il exigeait.

Nous fûmes chargés de préparer cet arrangement,
et nous nous en occupâmes avec d'autant plus d'empressement que nous avions vu le procès avec regret.

Voici le jugement qui est intervenu et qui a mis
fin à cette fâcheuse contestation :

« 6 avril 1864. Le tribunal, ouï M⁰ Fénéon, avocat, assisté de M⁰ Louet, avoué pour le demandeur ;
M⁰ Plaquet-Harel, avocat, assisté de M⁰ Beleurgey,
avoué pour le défendeur ;

« M. le procureur impérial en ses conclusions ;

« Après en avoir délibéré conformément à la loi ;
jugeant publiquement et en premier ressort :

« Considérant que, sur une demande formée par

_____

(1) M. Victor Corot, chef de ce bureau, est né à Semur, où il s'était fait
remarquer dans ses études. Venu à Paris en 1849 comme élève de l'Ecole
d'administration, il fut admis dans les bureaux de la préfecture de la
Seine le 1ᵉʳ décembre 1850.—Auteur de l'art. du *Moniteur* du 9 avril 1868.

la ville de Paris contre M. Chaussier en passation d'acte de vente de partie d'un pré à lui appartenant sur le finage de Saint-Germain-la-Feuille, lieu dit en la Douix, aux sources de la Seine, rapporté sous le n° 83 de la section C du plan cadastral de cette commune, au prix de 50 fr. l'are. M. Chaussier à soutenu qu'il n'était point intervenu de convention entre lui et la ville de Paris à cet égard, autre que celle qui avait été constatée par un acte reçu par M° Focillon, notaire à Flavigny, le 25 mai 1863, enregistré, mais a déclaré qu'il consentait, pour être agréable à la ville de Paris, à lui vendre tout ce qui restait de son pré, à raison de 80 fr. l'are, avec réserve, au profit de son fermier, d'enlever les broussailles étant sur ce terrain, et consentant en outre, ledit Chaussier, à supporter les frais par lui faits dans l'instance, jusqu'au jugement à intervenir, ceux faits par la ville de Paris restant, bien entendu, à la charge de celle-ci, ainsi que ceux du jugement devant constater la cession dont il s'agit et tous autres relatifs ;

« Considérant que la ville de Paris déclare accepter ces conditions ;

« Par ces motifs,

« Donne acte à M. le Préfet de la Seine du consentement de M. Chaussier de vendre à la ville de

Paris ce qui lui reste encore de son pré, lieu dit en la Douix, finage de Saint-Germain-la-Feuille, rapporté au cadastre sous le n° 83 de la section C, ce restant étant encore de 53 ares 50 centiares environ, à raison de 80 fr. l'are, à la condition que son fermier pourra enlever immédiatement les broussailles étant sur le terrain, les arbres devant rester s'ils sont utiles pour la ville de Paris ;

« Dit en conséquence que le jugement vaudra acte de vente et autorise la ville de Paris à prendre possession immédiate du terrain dont il s'agit ; dit que les dépens faits par M. Chaussier jusqu'à ce jour seront supportés par lui ; ceux faits par la ville de Paris, de même que le coût du jugement et tous autres y relatifs, restant à la charge de ladite ville.

« Ainsi fait, jugé et prononcé à l'audience publique du tribunal civil de 1re instance séant à Semur (Côte-d'Or), le 6 avril 1854, où siégeaient MM. Jacotot, président ; Alexandre et Masson, juges ; Châlon, procureur impérial, et Reuillon, commis-greffier. »

Par ce jugement, la ville de Paris devenait propriétaire de tout le vallon des sources, c'est-à-dire d'une superficie de 1 hectare 73 ares 2 centiares, et pouvait y fonder le monument projeté dans les meilleures conditions locales et techniques.

Le 21 juillet suivant, nous crûmes donc opportun de soumettre à M. le Préfet le résultat de l'examen que nous avions fait des deux sujets, dont l'un ou l'autre pourrait le mieux convenir, et qui se résumaient dans le programme ci-après énoncé :

Le premier serait la statue en bronze de la ville de Paris (1), parce que c'est celle qui doit représenter symboliquement la grande et puissante cité qui a voulu placer sous sa protection les sources du fleuve dont les bienfaisantes eaux fécondent son agriculture, son commerce et son industrie.

Le deuxième, c'est la statue en bronze de saint Seine (2), parce que ce saint, qui porte le nom du fleuve et qui est fondateur de plusieurs anciennes abbayes, et notamment de celle de Saint-Seine, est en grande vénération en Bourgogne par le souvenir de sa piété et de ses bienfaits, comme l'ont été les saint Germain et les saint Bernard. Le choix dans ces contrées en serait populaire sous le double rapport temporel et religieux.

(1) Ce sujet peut trouver son exclusion dans la multiplicité de sa reproduction. Plusieurs objections nous ont fait renoncer à celui de la Seine, primitivement proposé en 1861.

(2) La légende de ce saint nous a été conservée par la peinture et par les manuscrits. Les peintures à fresque se composent de vingt-quatre tableaux dans l'ancienne église abbatiale de Saint-Seine, peintures exécutées en 1504. Les écrits sont dans les Bollandistes. Voir le mémoire de M. Rossignol inséré au tome II des *Mémoires de la Commission des antiquités de la Côte-d'Or*, p. 193. — Voir aussi la lettre de M. Guet tet, propriétaire de l'ancienne abbaye, et en outre la lettre de M. Jules Simonnet, conseiller à la Cour impériale de Dijon.

PROGRAMME.

PREMIÈRE PARTIE

ART. 1er.

Les terrains acquis par la ville de Paris seront entourés d'une clôture avec grille en fer ou porte surmontée d'une inscription : *Ville de Paris*.

ART. 2.

Des allées y seront tracées, et des plantations d'agrément y seront faites.

ART. 3.

Les eaux des sources pérennes ou non pérennes seront colligées de manière à trouver leur réunion complète dans la source principale.

ART. 4.

Une dérivation couverte sera ménagée pour l'abreuvoir que la ville est tenue d'établir en dehors de son acquisition.

ART. 5.

La dérivation partielle du chemin de Saint-Germain-la-Feuille à Saint-Seine sera exécutée aux frais de la ville. (V. le plan général.)

DEUXIÈME PARTIE.

Monument.

Art. 6.

Première proposition :

Le monument consistera dans la statue en bronze de saint Seine (1). Cette statue sera debout sur un piédestal et placée au-dessus de la principale source, conformément au plan.

Art. 7.

La figure sera tournée du côté de la Seine. Le saint tiendra la crosse d'une main et de l'autre un crucifix ou une légende symbolique. Son pied pressera une urne (1) de laquelle l'eau s'écoulera réellement.

Art. 8.

Sur trois faces du piédestal, des bas-reliefs en bronze représenteront quelques-uns des traits les plus caractéristiques de sa vie et rappelleront les principales localités du cours de la Seine.

La quatrième face du piédestal recevra l'inscription qui sera demandée à l'Académie des inscrip-

---

(1) Ce sujet, recommandé dans le pays, aura, nous le craignons, le défaut d'être trop légendaire. L'allégorie, cette source féconde de tant de belles créations, sera probablement préférée.

tions et belles-lettres, et qui sera en latin et en français.

ART. 9.

Une construction simple et de bon goût l'abri-
tera.

Un kiosque sera établi pour le gardien.

ART. 10.

Un devis général, préalablement dressé, sera di-
visé en deux parties, dont la première aura pour
objet les travaux des dispositions générales, y compris ceux des constructions mentionnées en l'article
précédént ;

Et la deuxième, le monument suivant la demande
du statuaire et celle du fondeur, avec le piédestal,
plus les frais de transport et de pose.

Deuxième proposition :

ART. 6.

Le monument consistera dans la statue en bronze
de la ville de Paris avec ses attributs. Cette statue sera demi-couchée sur un piédestal érigé au-
dessus de la principale source, conformément au
plan.

ART. 7.

Elle tiendra dans une main l'olivier de la paix, et
dans l'autre une carte ou légende en bronze indi-

quant le cours du fleuve, son embouchure, et au delà
le rivage britannique avec le mot *Angleterre*.

ART. 8.

Son pied pressera une urne de laquelle s'écoulera
l'eau de la source, suivant les dispositions hydrau-
liques qui seront prises à cet effet.

ART. 9.

Sur trois faces du piédestal, des bas-reliefs en
bronze rappelleront, relativement aux bienfaits du
fleuve, les attributs de l'agriculture, du commerce,
de l'industrie, de la vapeur et de l'électricité.

La quatrième face de ce piédestal recevra l'inscription qui sera demandée à l'Académie des in-
criptions et belles-lettres, et qui sera en latin et en
français.

Certainement, nous n'avions pas la prétention, en
soumettant ces programmes à l'administration, de
les voir adopter entièrement, mais nous les offrions
comme des renseignements qui pourraient lui être
utiles ; et puis c'était une dette que nous acquittions,
car nous devions, du moins pour la préférence à
donner à la statue de saint Seine. nous rendre l'interprète des avis et des vœux que plusieurs personnes
appartenant à la localité nous avaient transmis et re-

commandés. On verra plus tard que des considérations d'un autre ordre ont déterminé M. le Préfet à
choisir un sujet qui fût plus conforme à la destination et au caractère du monument.

A cet égard, nous apprenions avec une grande
satisfaction que M. le Directeur des travaux s'occupait de l'étude du projet, et nous nous empressions
(29 octobre 1864) de lui remettre les deux plans de
nivellement du vallon de la Seine, qu'il avait demandés et que nous avions chargé M. l'agent-voyer
Millot de dresser et nous envoyer promptement.

D'un autre côté, et pour assurer les intérêts de la
ville, nous faisions verser entre les mains du per-
cepteur, pour être transmise au receveur municipal
à Paris, la somme de 101 francs, prix du premier
fermage de la récolte des foins des terrains nouvelle-
ment acquis.

M. le maire de Saint-Germain avait veillé avec
autant de zèle que d'exactitude à la rentrée de ce
produit, comme il a continué de le faire suivant la
valeur annuelle de cette récolte, qui est la seule à
réaliser sur une propriété qui est toute en prés.

Enfin nous faisions marquer les arbres réservés
sur le pré Chaussier.

Dans un ordre d'idées plus élevé, et cédant au
désir de porter plus loin une pensée dont la réalisa-

tion appartient entièrement au Préfet de la Seine, nous crûmes opportun et utile de savoir si elle ne pourrait pas se relier par quelque analogie aux sources de la Tamise, qui, comme la Seine et plus que la Seine, réunit comme un port de mer dans l'opulente et vaste cité de Londres les produits de toutes les contrées du monde.

En conséquence, nous engageâmes la correspondance ci-après avec le président de la Société royale de géographie, sir Roderik-Murchison, baronnet, l'un des hommes les plus considérables de son pays par ses grandes connaissances en géographie et les importants services qu'il a rendus.

« 15 décembre 1864.

« MONSIEUR LE PRÉSIDENT,

« Je commence par vous témoigner tout mon regret de ne pas vous écrire en anglais. J'ai le chagrin, le malheur même de ne pas savoir cette langue, mais je me repose sur votre grande instruction qui vous rend familière la langue française.

« Voici le sujet de ma lettre en reprenant, à leur origine, les faits qui s'y rapportent :

« En 1833, lorsque j'étais sous-préfet de l'arron-

dissement de Semur, département de la Côte-d'Or,
chef-lieu Dijon, je voulus connaître le lieu où la
Seine prend sa source, non pas à Chanceaux ou à
Saint-Seine, comme les géographies le disent par
erreur, mais dans un petit vallon entouré de bois et
très désert, lequel est situé sur la commune de
Saint-Germain-la-Feuille, dans ledit arrondissement
de Semur (Côte-d'Or), à cinq kilomètres de Chanceaux, dix de Saint-Seine, dix-neuf du chemin de fer
de la Méditerranée et deux cent quatre-vingts de
Paris. Six sources ou naissances d'eau existent sur
ce vallon et, en se réunissant, forment le ruisseau
primitif du grand fleuve qui, après un cours de huit
cents kilomètres, va, au Havre, verser ses eaux dans
l'Océan, en face du rivage britannique.

« Une ancienne tradition m'apprit qu'il y avait eu
dans ce lieu désert un temple ou monument gallo-
romain, et, en effet, des fouilles habilement dirigées
par la Commission des antiquités de la Côte-d'Or
firent retrouver les fondations de ce temple et découvrir, en même temps, des marbres, des sculptures,
de nombreux *ex-voto,* et notamment une grande
amphore contenant huit cents médailles et sur laquelle on lit cette inscription :

Deæ Sequanæ Rufus donavit.

«Selon le vœu de quelques habitants des environs,

je provoquai une souscription pour faire ériger un
monument qui fît sortir ce lieu renommé de l'oubli
où il était laissé depuis bien des siècles; mais il y
eut peu de souscripteurs, et puis je fus transféré à la
sous-préfecture de Rambouillet. Le projet fut aban-
donné.

« Vingt-quatre ans plus tard, le *Journal de Rouen*
demanda que cette souscription fût reprise et que je
fusse invité à la diriger. J'acceptai ; mais, convaincu
qu'elle ne réussirait pas sans le concours de la ville
de Paris, je m'adressai, de concert avec deux de mes
amis, membres de l'Institut de France, M. Le Bas,
architecte, et M. Heim, peintre d'histoire, à M. le
baron Haussmann, sénateur, préfet de la Seine. Ce
magistrat, qui a le mérite des grandes idées et de
plus le rare mérite de savoir les réaliser promptement, accueillit notre projet en nous exprimant l'espoir où il était que l'édilité parisienne le comprendrait
dans ses libérales subventions. Nous sollicitions, en
hésitant, un secours de quinze à dix-huit mille francs.
M. le Préfet nous rassura et, dans une pensée plus
élevée, nous fit comprendre que le premier soin de
la ville de Paris devait être de se rendre propriétaire
de tout l'emplacement où naissaient les sources de
la Seine, afin de les placer sous sa puissante tutelle
en se réservant de pourvoir ultérieurement à l'œuvre
monumentale. Peu de temps après, il obtint une

première allocation de dix mille francs, et me délégua pour acheter la totalité du vallon, soit un hectare soixante-treize ares. Cette acquisition est terminée moyennant une dépense d'à peu près douze mille cinq cents francs.

« Aujourd'hui M. le Préfet s'occupe du projet de monument pour le soumettre tant au Conseil municipal qu'à la Commission départementale, qui seront sans doute disposés à ne pas laisser à d'autres le soin de glorifier le fleuve dont les anciens avaient fait l'objet de leur vénération et de leur culte.

« Maintenant, Monsieur le Président, dans un double intérêt géographique et comparatif, je désirerais beaucoup savoir comment est le lieu où la Tamise prend sa source, comment on le désigne, s'il est isolé ou entouré d'habitations, comment on y arrive et à quelle distance il est d'un chemin de fer. En quoi consiste la source? Forme-t-elle, en sortant du sol, le ruisseau primitif du fleuve, ou se divise-t-elle en plusieurs sources?

« Nos géographies portent, et je choisis le *Dictionnaire d'Histoire et de Géographie* de Bouillet, ouvrage très estimé, page 1730 : « La Tamise, « *Tamesis* des anciens, *Thames* en anglais, rivière « d'Angleterre, se forme de la réunion de plusieurs « ruisseaux à Lechlade, dans le comté de Berks, « prend là le nom d'*Isis*, sépare les comtés d'Oxford,

5

« Buckingham, Middlesex, Essex, de ceux de Berks,
« Surrey, Kent ; reçoit à Oxford la Charwell, à Dor-
« chester la Thames, dont elle conserve le nom ; bai-
« gne Reading, Windsor, Staines, Kingston, Brend-
« ford, Richemond ; sépare Londres en deux parties ;
« arrose encore Greenwich, Wolwich, Sheerness,
« Margate, et va tomber dans la mer du Nord par un
« large estuaire. Son cours, qui se dirige générale-
« ment de l'ouest à l'est, est de sept cents kilomè-
« tres environ. Ses eaux sont d'excellente qualité.
« Les grands vaisseaux de guerre remontent la Tamise
« jusqu'à Deptford, un peu au-dessous de Londres.
« Les vaisseaux marchands de huit cents tonneaux
« vont jusqu'à Londres. La Tamise communique
« avec un grand nombre de canaux. »

« Il serait possible qu'il y eût ici, comme pour la
Seine, des rectifications à faire dans ces géographies.

« Du reste, Monsieur le Président, un de vos honorables compatriotes me disait qu'il serait possible
que votre Société profitât, sous quelques rapports,
de l'exemple de la ville de Paris. Je n'ose pas partager son opinion, parce que si la chose était possible, elle serait déjà faite. Tel est l'esprit anglais,
toujours si prévoyant et si pratique ; mais néanmoins, si le nom de la Tamise devait être inscrit à sa
source, sur le marbre ou sur le bronze, en recon-

naissance du grand et immuable bienfait de la Providence, et si cet incident amenait une demande de renseignements et qu'elle me fût communiquée, je serais heureux d'en remplir l'objet, ou bien, si elle était adressée à M. le Préfet de la Seine, je suis certain que ce magistrat s'empresserait d'y répondre.

« Agréez, Monsieur le Président, avec mes excuses et mes remercîments, l'assurance de ma haute considération.

« *P.-S*. Ci-joint un extrait du procès-verbal des fouilles et découvertes faites de 1836 à 1842. Ces découvertes font partie du musée de Dijon. La Société archéologique de cette ville en a rendu compte dans un excellent rapport imprimé, contenant les plans et figures qui s'y rattachent ; ce rapport est de M. Baudot, son très érudit président. »

La réponse à cette lettre ne se fit pas attendre. Elle nous parvint sous la date du 24 décembre, et l'éminent sir Rod. Murchison nous l'adressa autographe et en *français*, comme il suit :

MONSIEUR,

« Agréez, je vous prie, mes remercîments de

m'avoir fait part de vos découvertes intéressantes des antiquités romaines aux sources de la Seine.

« Quant à la Tamise, je regrette de ne pouvoir pas vous en dire, en réponse à votre question, quelque chose de même nature, n'ayant jamais entendu parler d'un temple ou bâtiment romain dans l'entourage de ces sources.

« En même temps, j'ose corriger l'inexactitude de la note que vous m'avez expédiée sur la géographie de notre fleuve.

« Les eaux les plus éloignées de son embouchure, et qui sont considérées comme les sources de la Tamise, ne sont pas en Berkshire, mais en Gloucestershire, à quatre milles au plus de la ville de Cheltenham. Elles sont situées dans la chaîne oolithique ou jurassique appelée *The Cotswold hills,* et on les nomme *The Seven springs,* ou Sept-Puits. Augmentée par de petits affluents, la rivière descend vers le sud par la ville de Cirencester, anciennement *Corinium* des Romains, puis, entrant dans le comté de Wilts, elle tourne à l'est, et, faisant un détour même au nord-est, elle baigne la ville et l'Université d'Oxford, ayant gagné par quelque distance le nom classique d'Isis. De ce point elle constitue la ligne de démarcation entre les comtés d'Oxford et de Berks (Berkshire), coulant par les villes de Neading et Henley-sur-Tamise.

« Depuis Henley, en passant d'une manière très tortueuse vers Londres, elle sépare les comtés de Buckingham et Middlesex, au nord, du comté de Surrey, au sud.

« Enfin elle termine au-dessus de Londres, en divisant le comté de Kent au sud de celui d'Essex au nord.

« Je ne manquerai pas de communiquer votre lettre à mes amis qui s'occupent des antiquités britanniques, et si l'on vient à découvrir des restes romains autour de la source de la Tamise, nous aurons d'autant plus de raison de vous offrir nos remercîments.

« Agréez l'assurance de mon estime. Votre dévoué serviteur.

« *Signé* : Rod. Murchison (1). »

Sur cette réponse, nous pensâmes qu'il était nécessaire de porter la double question de la Seine et de la Tamise à la connaissance de la Société de géographie de Paris, afin que cette société pût provoquer

(1) Sir Rod. Murchison, célèbre géologue anglais, est né en 1792, à Tarradale, village d'Ecosse. Son premier ouvrage sur le système silurien (terrains du pays de Galles) commença sa réputation de géologue. En 1839, l'empereur de Russie le chargea d'étudier la constitution géologique de ce vaste empire. A la fin de cette haute mission il publia un second ouvrage qui eut un grand succès et qui fut suivi du magnifique atlas géologique de l'Europe. En 1865 il a été créé baronnet.

les dispositions propres à faire rectifier les erreurs
que commettaient et répétaient les géographies ; mais
notre démarche n'eut pas de succès, ainsi que nous
l'avons annoncé au commencement de cette notice,
et c'est ce qui résulte de la lettre de M. Maunoir,
secrétaire adjoint de la Commission centrale :

« 12 février 1865.

« MONSIEUR,

« En réponse à votre lettre du 29 janvier 1865,
j'ai l'honneur de vous informer que la section de
publication, dans sa séance du 27, avait sérieuse-
ment examiné le contenu de votre lettre à sir Rode-
rick Murchison et la réponse de cet éminent per-
sonnage ; la section a été d'avis qu'il n'y avait pas
lieu d'insérer au bulletin ces documents, qui ne
contiennent, au point de vue géographique, rien de
nouveau. La feuille 112 de la carte de France à
1/80,000 par l'état-major, indique nettement les
sources de la Seine près de la ferme des Vergerots
(471 m. d'altitude), commune de Saint-Germain-la-
Feuille. Les sources de la Tamise sont également
indiquées sur la carte anglaise du *Survey office*
(1/63,360), dans des conditions telles qu'il ne sau-

rait y avoir d'ambiguité possible. La décision de la
Société a été sanctionnée par la Commission centrale
de la Société dans la séance du 3 février. La Société
de géographie, tout en regrettant les erreurs trop
fréquentes dans les traités et dictionnaires géogra-
phiques, ne saurait les empêcher. Veuillez remarquer, d'ailleurs, Monsieur, que les termes de la réponse de sir Rod. Murchison n'impliquent point
qu'il ait déféré la question à la Société royale géographique de Londres. Le procès-verbal de la séance
du 3 février fera mention des pièces que vous avez
bien voulu adresser à la Société de Paris, et indi-
quera le résultat archéologique auquel ont conduit
vos efforts.

« Agréez, etc. »

Nous mettions trop de prix à la correspondance
du savant sir Rod. Murchison pour ne pas continuer
la nôtre avec lui, et c'est en conséquence que nous
lui adressâmes la nouvelle lettre ci-après :

« 5 février 1865.

« MONSIEUR LE PRÉSIDENT,

« Je me reprocherais de ne pas vous remercier de
la réponse que vous avez bien voulu me faire en
français au sujet des sources de la Seine et de la

Tamise. Je dois surtout vous remercier de l'intérêt que vous avez pris à ma communication et de l'espoir que vous me donnez que vous la ferez connaître à ceux de vos honorables amis qui s'occupent d'archéologie et qui pourraient peut-être faire imiter pour la Tamise ce que la ville de Paris fait pour la Seine.

« Le prix que j'attachais à votre obligeante réponse m'a déterminé à la communiquer à la Société de géographie de France; mais l'un de Messieurs les secrétaires m'informa, par sa lettre du 12 février courant, lettre dont copie est ci-jointe, que la section de publication a décidé qu'il n'y avait pas lieu d'insérer au bulletin les documents en question. Cette lettre ajoute que la carte de France a rectifié les erreurs de nos géographies sur les sources de la Seine. Elle ne rappelle pas vos justes observations sur la source et le cours de la Tamise. Enfin elle me fait remarquer que vous n'avez pas cru devoir porter cet objet à la connaissance de votre Société géographique.

« Dans cet état de choses, je dois garder le silence, mais je n'hésite pas, en ce qui concerne la question que j'avais eu l'honneur de vous soumettre, à la rappeler à votre bienveillante attention, et vous répéter combien je serais heureux d'apprendre que

l'idée monumentale pour la Tamise a été accueillie
et qu'elle sera mûrement examinée.

« Agréez, etc. »

Le 15 mars 1865, le journal anglais le *Galignani's
Messenger* disait, en rendant compte d'une séance
de la Société d'ethnologie de Londres, qu'elle s'était
occupée du renvoi que sir Rod. Murchison lui avait
fait de notre communication, et qu'elle prenait des
dispositions au sujet des recherches archéologiques
qui pourraient être faites à la source de la Tamise.

En persistant dans notre désir d'amener les rectifications demandées, nous soumîmes notre correspondance à M. le Ministre de l'Instruction publique, en
priant Son Excellence de remarquer qu'on ne devait
pas s'en tenir à la carte française et à la carte anglaise, qui sont d'un prix élevé et ne sont pas connues
du public.

Peut-être n'avions-nous pas compris que cet objet
n'était pas assez important pour être pris en considération ; — aussi est-il resté sans réponse.

Si nos vœux étaient stériles sur le point accessoire,
ils ne l'étaient pas sur le point principal, c'est-à-dire
le monument projeté.

Mai 1865. M. le Préfet, dans son habitude d'élever à la hauteur qui leur convient les choses qu'il
entreprend, et surtout d'en assurer la complète et

prompte exécution, ne s'était pas borné à faire acheter par la ville de Paris le vallon des sources de la Seine. Convaincu qu'on n'obtiendrait que des résultats insuffisants et tardifs, si l'on recourait à une souscription, comme nous l'avions proposé dans l'origine; bien persuadé aussi que l'on objecterait toujours que c'était principalement l'affaire de la ville de Paris, il sut faire partager ces motifs au Conseil municipal et le déterminer à se charger des dépenses de ce monument, dépenses maintenues dans une sage limite, selon le projet que M. Baltard, directeur des travaux, avait dressé avec le goût qui le distingue (1).

C'est le sujet de la Nymphe de la Seine qui fut adopté, sujet qui serait réalisé par une statue en pierre, demi-couchée sur un piédestal et abritée dans une grotte disposée suivant les meilleurs exemples ou modèles dans ce genre de construction.

2 *juin* 1865. Dans l'ensemble des mesures qu'il prenait, M. le Préfet nomma architecte des travaux M. Davioud, architecte en chef du service des promenades et plantations de la ville de Paris.

---

(1) M. Victor Baltard, grand prix de Rome, a été élu, le 7 février 1863, membre de l'Institut, Académie des beaux-arts, section d'architecture. On aime à citer ce nom quand on a connu comme nous l'avons connu nous-même M. Baltard père, talent multiple, ingénieux et infatigable! M. Baltard a professé longtemps l'architecture et a laissé des ouvrages justement estimés dans les arts.

23 *juin* 1865. Toutes les dépenses d'acquisition en principal, intérêts et frais, se trouvant liquidées, et le montant des mandats ayant été envoyé aux parties prenantes, il est à propos d'en donner ici le bordereau :

SAVOIR :

Acquisition Arnaud et Rolland	principal	2495	»
	intérêts	69	68
Id. Rolland (Mathieu).	principal	132	»
	intérêts	3	54
Dumont-Theuriet.	principal	495	»
	intérêts	13	29
Belin-Chambrette	principal	960	»
	intérêts	23	77
Commune de S.-Germain-la-Feuille. .	principal	1173	90
	intérêts	31	51
Chaussier, Beaudoin, 1re acquisition .	principal	300	»
	intérêts	8	03
Remboursement à la commune de Saint-Germain de frais d'expertise		45	50
Frais des contrats notariés des acquisitions (Focillon, notaire.		564	58
Frais de purge de ces acquisitions (Beleurgey, avoué) . .		149	81
Remboursement d'avances à M. le Délégué pour plans et faux frais		285	»
Chaussier, Beaudoin, 2e acquisition. .	principal	4280	»
	intérêts	200	»
Frais de l'instance avec ledit Chaussier (Louet avoué) . . .		471	15
Frais de purge de la 2e acquisition Chaussier (Louet, avoué).		90	40
Frais de confection de plans (Millot, agent-voyer)		102	50
Frais et honoraires du notaire Focillon		240	80
Frais de la quittance Chaussier		167	22
Honoraires de l'avoué et de l'avocat.		200	»
Total général.		12,502	»

qui, pour une superficie toute en prairie de 17,300 mètres, met le prix du mètre à 72 centimes.

La question d'archéologie relative à la Seine et à la Tamise étant encore en suspens, nous crûmes devoir

la rappeler à M. le Président de la Société d'ethnologie de Londres en ces termes :

« MONSIEUR LE PRÉSIDENT,

« Dans son numéro du 15 mars dernier, le *Galignani's Messenger* rendait compte d'une séance dans
laquelle la Société d'ethnologie s'était mûrement
occupée d'une question que j'avais soumise à l'éminent président de la Société royale de géographie
de Londres, au sujet des sources de la Seine et de la
Tamise.

« Cette question m'a paru doublement importante
depuis qu'elle a mérité l'attention d'une Société si
éclairée que celle que vous présidez.

« J'ai donc l'honneur de vous prier instamment
d'avoir la bonté de m'informer du résultat des recherches qui ont dû être ordonnées à la source de
la Tamise, et du résultat aussi de l'examen qu'on a
pu faire des découvertes obtenues aux sources de la
Seine.

« Agréez, etc. »

17 *juillet* 1867. Voici la réponse que nous reçûmes en *anglais* :

ATHENŒUM CLUB PALL MALL.

« London, july 17 th. 1865.

« MY DEAR SIR ,

« I have the pleasure to acknowledge the receipt of your letter of the 4th of this month. Your paper on the sources of the Seine and Thames was addressed to the geographical and not to the ethnological Society, and considered in the former. I have sent your letter to the secretary of the geographical in case he should be able to furnish more satisfactory information than it is in my power to give.

« I am, my dear sir, very faithfully yours.

« *Signé* : J. CRAWFURD. »

Traduction française de cette lettre :

« MON CHER MONSIEUR ,

« J'ai le plaisir d'accuser réception de votre lettre du 4 de ce mois. Votre écrit sur les sources de la Seine et de la Tamise était adressé à la Société de géographie et non à la Société d'ethnologie, c'est par celle-là qu'il a été pris en considération. J'ai envoyé votre lettre au secrétaire de la Société de géographie en cas qu'il lui soit possible de fournir des renseignements plus satisfaisants que je ne le peux moi-même.

« Je suis, mon cher Monsieur, très sincèrement à vous.

« *Signé* : CRAWFURD. »

Le renvoi annoncé avait eu lieu exactement, puis-que nous recevions le lendemain la réponse suivante, en français, de M. le secrétaire adjoint de la Société royale de géographie :

« MON CHER MONSIEUR ,

« Monsieur le président de la Société d'ethnologie m'a envoyé votre lettre dans laquelle vous priez d'être informé du résultat de votre mémoire au sujet des sources de la Seine et de la Tamise, adressé au président de la Société royale de géographie et envoyé par lui à la Société d'ethnologie. Le mémoire, comme vous savez, a été lu et discuté dans une séance de la Société ; mais je crois qu'il n'aura pas pour résultat d'obtenir des recherches aux sources de la Tamise. — Je regrette de n'avoir plus rien à vous communiquer à ce sujet, puisque le mémoire a été jugé comme appartenant plus à l'ethnologie et à l'archéologie qu'à la géographie.

« J'ai l'honneur d'être , Monsieur , votre très obligé. »

On voit qu'il n'y avait plus à revenir sur un incident qui, quoique négatif dans son objet principal, avait fait naître néanmoins l'occasion d'engager une correspondance où nous avons trouvé, de la part de deux sociétés savantes de Londres, autant de politesse empressée que d'utiles sympathies (1).

16 *juillet* 1865. En continuant à nous tenir au courant des mesures administratives, nous nous félicitions d'apprendre que M. le Préfet venait, sur l'avis de la Commission des beaux-arts, de commander la statue de la Nymphe de la Seine à M. Jouffroy, membre de l'Institut. Cette statue, qui, originairement, devait être en marbre, ne serait qu'en pierre (2), à cause de l'économie que nécessitait la limite du crédit alloué pour l'ensemble du monument. M. Jouffroy est originaire de Dijon, qui doit à son talent la remarquable statue en bronze de saint Bernard, et qui s'honore de compter cet habile sculpteur parmi ses illustrations artistiques.

26 *juillet* 1866. A cette époque, nous eûmes à

---

(1) Si cette correspondance eût pu se continuer, nous aurions profité, pour les traductions, de l'obligeance de M. Brasseur, ancien professeur de français au King's College de Londres, nommé chevalier de la Légion-d'Honneur par décret impérial du 22 mai 1867.

(2) Cette pierre vient des carrières de Chauvigny, arrondissement de Montmorillon, département de la Vienne.

conférer avec M. l'architecte Davioud (1), qui s'était rendu aux sources de la Seine à l'effet de prendre les renseignements nécessaires pour la rédaction de ses plans et devis. La forte distance (19 kilomètres) qui sépare ces sources du village de Darcey, où l'on quitte le chemin de fer, distance qu'il faut parcourir sans voiture régulière, avait, il faut le dire, laissé dans l'esprit de M. Davioud une impression défavorable au point de vue des communications, que rien ne semblait devoir assurer convenablement.

Nous lui fîmes observer que le vœu des communes voisines était unanime pour que ces communications si désirables fussent réalisées, et que des ressources y seraient consacrées dès qu'on serait certain que la ville de Paris exécute son libéral projet.

Nous ajoutions qu'à l'égard de ce qu'avait d'isolé et de *désert* le lieu renommé des sources de la Seine, toutes les traditions du pays racontaient qu'on ne le jugeait pas ainsi il y a dix-huit cents ans, puisque les populations de cette époque reculée y avaient érigé et entretenu à grands frais un temple remarquable par son architecture, ses nombreux et riches ornements, et par une multiplicité d'*ex-voto* dont plusieurs sont, sous le rapport technique, d'une rare exécution.

(1) M. Davioud est connu par de nombreux travaux, et notamment par les deux théâtres de la place du Châtelet, la fontaine Saint-Michel, les buttes Chaumont et les vastes Magasins réunis. Il est chargé du grand projet de l'orphéon municipal sur l'emplacement du Château-d'Eau.

Qu'enfin, et depuis l'établissement de la religion chrétienne, une grande dévotion pour saint Seine, le dispensateur des eaux, amenait là, dans les temps de sécheresse, d'innombrables fidèles, et que notamment le 8 juin 1620, la procession compta trois mille soixante jeunes filles vêtues de blanc (1).

M. Davioud n'eut pas de peine à se rendre à ces réflexions, et de notre côté, en comprenant tout ce qu'il y avait de fondé au sujet des communications à améliorer, nous nous hâtâmes d'en entretenir M. Guettet pour Saint-Seine, M. Belin, notaire et maire à Darcey, M. Jacotot, maire de Saint-Germain-la-Feuille, agissant avec ses collègues de Chanceaux, Blessey et Verrey-sous-Salmaise.

Notre appel était un avis entièrement officieux, sur lequel il leur appartenait de solliciter de M. le sous-préfet les instructions qui s'y rattachaient, ou plutôt cet avis était la continuation de nos précédents rapports avec ces fonctionnaires, qui nous prouvèrent, par leur prompte réponse, qu'ils étaient parfaitement disposés à concourir au résultat qu'on se proposait d'obtenir.

12 août 1865. M. l'agent-voyer Millot, en expliquant la préférence que le projet de chemin de Darcey par Chanceaux méritait sur celui de Verrey par

(1) Voir l'*Histoire de Bourgogne*, par Courtépée.

Saint-Germain-la-Feuille, donne le relevé des distances des deux lignes. Nous croyons utile de le reproduire ici :

DE DARCEY AUX SOURCES.

1º Chemin de grande com. nº 10, en parfait état. . . . . . . 800 m.
2º Route départementale nº 6, en parfait état. 15,000
3º Chemin vicinal de Saint-Germain (assez bien). 2,400
4º Chemin de la Douix, à élargir et réparer 1,500

Total. . . . . 19,700 m.

DE VERREY AUX SOURCES.

1º Chemin de grande communication nº 10 . . . . 4,400 m.
2º Chemin de la Molleroche (non carrossable). 5,600
3º Chemin des sources de la Seine (très mauvais) 2,000

Soit. . . . . 12,000 m.

Différence entre les deux lignes, soit 8,000 mètres, différence qui n'empêche pas que, dans l'opinion de M. l'agent-voyer, cette ligne soit inadmissible à cause de l'énormité de frais qu'elle entraînerait.

16 *août* 1865. M. Loubens, sous-préfet de Semur, voulait bien aussi nous informer qu'il faisait ce qui dépendait de lui pour seconder les mesures proposées, et notamment pour un projet de chemin d'intérêt commun de Chanceaux à Verrey par Saint-Germain-la-Feuille ; mais dans ces pays de montagues les chemins viables ne peuvent s'établir qu'avec beaucoup de dépenses, et les communes ont généralement peu de ressources. La viabilité vicinale, telle que l'entend la grande et bienfaisante pensée de l'em-

pereur (1), n'y sera donc possible et complète qu'autant que des subventions extraordinaires et suffisantes leur seront accordées (2).

7 *mars* 1866. Dans cette question si essentielle, il se présentait une réparation qui ne pouvait être différée : c'était celle du chemin rural de Grillande ou de la Douix, qui de Chanceaux aboutit aux sources. C'est à cause de cette urgence et de l'impossibilité où se trouvait la commune de Saint-Germain-la-Feuille d'y pourvoir, que l'administration de la Seine se chargea de la dépense, qui s'élevait à la somme d'environ 500 francs, suivant le devis de l'agent-voyer, savoir :

1° Acquisition de douze ares de terrain, à 15 fr.
l'are 180   »
2° Déblai et nivellement du sol sur 400 mètres
à 60 centimes le mètre 240   »
3° Quatre petits aqueducs 75   60
                                               _____
            Total 495   60 soit 500 fr.

Cette réparation rentrait d'ailleurs dans les travaux de terrassement des abords du monument, et il était rationnel qu'elle leur appartînt pour son paiement.

(1) Lettre du 15 août et décret du 17 août de l'empereur. Même jour 17, circulaire du ministre de l'intérieur aux préfets.
(2) Le Conseil général de la Côte-d'Or, dans sa dernière session, a voté une subvention de 10,000 francs.

La marche que suivait la ville de Paris ne pouvait
être ignorée, soit dans les communes voisines, soit
à Dijon, où elle devait trouver un accueil spécial de
la part de la Société archéologique, qui se compose
de tant d'hommes non moins instruits dans cette
science que pleins de zèle dans les recherches de son
domaine.

Nous étions donc heureux de recevoir une lettre
de son très honorable président, M. Baudot, l'auteur de l'excellent rapport dont nous avons déjà cité
plusieurs passages au commencement de cette notice.

Le savant archéologue, en applaudissant à la
pensée aussi éclairée que libérale du préfet de la
Seine et du conseil municipal, prend soin de répondre à des objections qui ont pu se produire inconsi-
dérément.

« Pourquoi, écrit-il, la Seine ne serait-elle pas
l'objet d'une faveur particulière de la part de la capitale, dont elle fait la richesse et l'ornement? L'é-
tendue et l'importance de son parcours ne sont-elles
pas à considérer? A-t-on découvert les temples élevés aux sources des autres fleuves en France? Où
sont les monuments d'un intérêt aussi majeur?

« Et la découverte de ce temple, dont l'existence
était restée ignorée jusqu'à nos jours, bien qu'elle

eût été indiquée, au siècle dernier, par l'abbé Richard (V. les *Mémoires de l'Académie de Dijon*, tome Ier, pages 76 et 77, année 1769) ;

« Et ces fragments d'architecture, ces statues et ces innombrables *ex-voto*, ces huit cents médailles romaines ; tout cela n'est-il pas la consécration d'un fait nouveau révélé à la science de l'antiquité, et en même temps la consécration justificative du monument qui va s'élever à la source de ce grand fleuve ? »

M. Baudot termine en exprimant l'espoir que le musée créé à Dijon par ses soins et ceux de la Société archéologique, et ouvert au public depuis une année, en recevra plus d'intérêt, et que, pour la contrée du vallon de la Seine, ce monument y attirant les étrangers, elle ne sera plus un *désert*, comme elle pouvait le paraître maintenant (1).

M. Davioud avait pressé la rédaction de ses plans et devis, et, sur l'allocation des crédits nécessaires pour leur exécution aussi bien que pour payer les travaux d'art, M. le Préfet avait statué par les dispositions ci-après :

---

(1) M. Jules Simonnet, conseiller à la Cour impériale de Dijon, qui s'est beaucoup occupé d'archéologie, nous écrit dans le même sens. M. J. Simonnet a obtenu, le 12 juillet 1867, à l'Académie des inscriptions et belles-lettres, la première mention honorable pour son mémoire sur les *Institutions de la vie privée en Bourgogne*.

14 avril 1866.

Arrêté portant autorisation de travaux de terrassement
et de maçonnerie pour l'exécution du monument aux
sources de la Seine (Côte-d'Or).

« Le Sénateur Préfet du département de la Seine,
grand'croix de l'ordre impérial de la Légion-d'Honneur ;

« Vu le projet dressé par la direction du service
des travaux d'architecture pour l'érection d'un monument aux sources de la Seine, dans la commune
de Saint–Germain–la–Feuille (Côte-d'Or), ledit projet s'élevant en dépense à la somme de 40,000 fr. ;

« Vu les plans et devis ;

« Vu la délibération du conseil municipal de la
ville de Paris, en date du 18 août 1865, portant qu'il
y a lieu d'approuver le projet dont il s'agit, de faire
exécuter les travaux à forfait sur soumissions cache-
tées avec la condition d'employer les matériaux du
pays ; enfin, d'imputer la dépense jusqu'à concur-
rence de 13,445 fr., montant des travaux d'art, sur
les crédits du service des beaux-arts, et pour le surplus, soit 26,555 fr., concernant les travaux d'architecture, sur le chapitre 29 du budget communal
de l'exercice 1865, pour être rattaché au chapitre 23,
art. 2 (Édifices communaux) ;

« Vu l'arrêté préfectoral en date du 30 suivant, qui a approuvé cette délibération ;

« Vu une soumission en date du 9 février 1866 produite par le sieur Châtel père, rocailleur, demeurant à Boulogne-sur-Seine, rue La Rochefoucauld, n° 35, pour l'exécution d'une grotte et les fouilles nécessaires moyennant un prix, à forfait de 15,000 francs ;

« Vu une soumission en date du 6 novembre 1865, par laquelle le sieur Aumont (Georges), entrepreneur de terrassement et de jardinage, demeurant à Passy Paris (16° arrondissement), rue de la Pompe, n° 71, s'engage à exécuter, à prix de règlement, les travaux d'aménagement du terrain où sera élevé le monument et de ses abords, et à ne pas dépasser le chiffre maximum de 6,935 fr. ;

« Arrête :

« ART. 1er. Les deux soumissions présentées par les sieurs Châtel et Aumont et ayant pour objet l'une les travaux de maçonnerie, l'autre ceux de terrassement, relatifs à l'érection d'un monument aux sources de la Seine, sont et demeurent acceptées dans leur forme et teneur.

« Les travaux dont il s'agit, prévus au projet général pour la somme de 26,555 fr., sont autorisés dans la limite d'une dépense de 21,935 fr. résultant des prix mentionnés dans les soumissions susvisées comme l'indique le tableau suivant :

NOMS des entrepreneurs soumissionnaires.	DÉSIGNATION des TRAVAUX.	DÉPENSE suivant les devis.	CONDITIONS des soumissions.	DÉPENSE autorisée suivant les soumissions acceptées.
		fr. c.		fr. c.
Châtel père	maçonnerie, etc. .	16,433 23	à forfait	15,000 »
Aumout (Georges).	terrassement, jardinage	7,628 50	à prix de règlement	6,935 »
	Travaux. . . .	24,061 73		21,935 »
Somme à valoir pour direction, surveillance, voyages, etc		2,493 27		
	Ensemble. . . .	26,555 »	Total de la dépense autorisée	21,935 »

« ART. 2. Il ne pourra être fait emploi de la somme de 2,493 fr. 27 c. réservée pour frais de direction et autres, non plus que des bonis qui seraient réalisés en cours d'exécution, qu'en vertu d'une autorisation spéciale.

« ART. 3. La dépense que nécessitera l'exécution de ces travaux sera payée par la caisse des travaux de Paris (Edifices municipaux divers). Les frais de timbre et d'enregistrement, et tous autres auxquels pourra donner lieu l'exécution du présent arrêté, seront supportés par les entrepreneurs soumissionnaires.

« ART. 5. En exécution du décret impérial du 8 mars 1855, il sera opéré sur le montant des mémoires réglés et révisés, une retenue de 1 p. 0/0 au profit des asiles impériaux de Vincennes et du Vésinet. »

L'article 6 comprend les bureaux et chefs de service chargés de son exécution, et porte qu'il sera donné avis à M. le Préfet de la Côte-d'Or.

D'après cet arrêté, on le voit, rien ne pouvait plus retarder la complète réalisation du projet, et nous apprenions bientôt que M. l'architecte Davioud avait mis les entrepreneurs en mesure de commencer les travaux qui concernaient chacun d'eux.

Nous savions aussi que M. Jouffroy s'occupait activement de la statue dont l'exécution lui était confiée. C'est à propos de cette œuvre sculpturale que nous eûmes la pensée de solliciter de M. le Préfet le don du modèle pour le musée (1) que nous

(1) Ce musée comprend aujourd'hui plus de 200 numéros en peintures, sculptures et dessins. Les premiers dons que nous avons reçus pour sa formation étaient de MM. Heim, Rouget, Schnetz, Abel de Pujol, Blondel, Allaux, Picot, Couder, H. Vernet, Dubufe, etc. D'autres s'y sont joints successivement avec ceux du ministère. La sculpture comprend tous les modèles de l'œuvre de M. Dumont, membre de l'Institut. Ensuite des esquisses ou modèles, par Cortot, Duret, Jouffroy, E. Guillaume, etc.

Le 11 octobre 1865, l'administration municipale l'a transféré avec solennité et sous l'habile direction de son maire, M. Bruzard, dans un grand et beau local, qui réunit deux salles pour les collections géologiques et archéologiques de l'arrondissement, collections qui honorent les soins généreux et intelligents de MM. Collenot et Bréon.

A la suite de ces précieux dépôts se trouve une bibliothèque de 11,000 volumes.

avions fondé à Semur pendant notre administration, et qui depuis a pris l'importance d'un établissement que beaucoup de villes du premier ordre se féliciteraient de posséder; mais Monsieur le baron Haussmann nous répondit, par sa lettre en date du 10 janvier 1866, qu'il ne pouvait accéder à notre demande, parce qu'il avait créé lui-même, à l'hôtel de ville, un musée (1-2) où sont réunis les esquisses et modèles des ouvrages commandés par la ville de Paris, et qu'il tenait d'autant plus à conserver le modèle en question que la statue sera loin de la surveillance de son administration, à laquelle il veut réserver le moyen de la réparer ou rétablir, s'il y avait lieu.

Nous sommes à la fin de l'année 1866, et les travaux d'architecture du monument ont fait des progrès. C'est M. Combaz, architecte spécial et distingué de rochers et grottes avec stalactites artificielles,

(1) Ce musée va être établi dans l'hôtel Carnavalet, récemment acheté par la ville de Paris. L'hôtel Carnavalet, du nom de la comtesse de Carnavalet, est situé rue Culture-Sainte-Catherine, nº 23. Commencé par J. Bullant en 1570, et continué par Ducerceau, il a été terminé au XVIIe siècle par Mansard. Il est célèbre comme ayant été la demeure de la marquise de Sévigné.

(2) Le préfet comte de Chabrol avait formé une collection des esquisses des tableaux qu'il avait commandés pendant ses quinze années d'administration. En 1830, cette collection eut son moment de *défaveur* et de *dispersion* même ; cependant ces esquisses étaient les heureuses promesses d'un grand nombre de peintures que l'on admire maintenant dans les églises de Paris.

qui a dirigé ceux de la grotte qui doit recevoir la statue de la nymphe de la Seine.

23 novembre. M. Davioud a été en constater les résultats, qui sont déjà appréciés et semblent devoir produire un heureux effet.

Si nous n'avions pu nous joindre à M. Davioud, comme il nous l'avait proposé, nous ne manquions pas d'aller voir cette statue, à laquelle son habile auteur venait de mettre la dernière main. Nous devions y accompagner l'éminent doyen de l'Académie des beaux-arts, M. H. Le Bas, et nous savions tout le prix que son confrère mettait à son suffrage ; mais hélas ! la maladie qui l'a conduit au tombeau s'était aggravée, et, peu de mois après, ses confrères, ses amis et ses nombreux élèves déploraient sa perte.

Février 1867. Du moment qu'il était probable que dans le cours de l'été le monument serait inauguré, ou au moins complétement *installé,* il nous a paru opportun et urgent de penser à l'inscription qui devait y être gravée, et c'est en conséquence que nous avions rappelé à la préfecture que, d'après les premiers programmes, cette inscription devait être demandée à l'Académie des inscriptions et belles-lettres.

M. le Directeur du service d'architecture nous fit connaître qu'après avoir pris les ordres de M. le Préfet, il avait transmis à l'Institut les renseignements nécessaires pour cette inscription.

Mars 1867. En nous référant toujours aux propositions primitives, nous crûmes aussi devoir signaler à la sollicitude de M. le Préfet la nécessité de construire un kiosque provisoire pour abriter le gardien du monument. Nous mettions sous ses yeux la lettre par laquelle M. le Maire de Saint-Germain-la-Feuille joignait son vœu au nôtre pour cette construction, qui serait peu coûteuse et qui laisserait le temps de réunir des ressources pour en faire une complète et définitive.

Nous avons appris avec regret que la limite et la spécialité du crédit ne permettaient pas d'accueillir notre demande. On avait pensé, à la direction des travaux, que l'intérêt privé voudrait peut-être se charger de cette construction moyennant la jouissance gratuite d'une certaine superficie de terrain. Nous avons pris des renseignements à cet égard, tant à Saint-Seine qu'à Chanceaux et Saint-Germain-la-Feuille ; mais ils ont été tout à fait négatifs. Et puis, dans l'hypothèse où un concessionnaire se présenterait, n'aurait-on pas à craindre qu'il ne dépassât bientôt les conditions de sa concession et ne devînt un industriel aussi incommode pour l'administration que désagréable pour le public?

Il faut dès lors un gardien à la nomination comme à la révocation de M. le Préfet de la Seine ; un gardien qui veille sur le monument, ainsi que sur toute la propriété, et fasse les travaux du jardinage et d'entretien qui lui seront prescrits. On pourra employer provisoirement le garde champêtre ou forestier, en lui allouant une modique indemnité qui trouvera et au delà sa compensation dans le produit des herbages.

Par une conséquence toute naturelle de la nécessité de ce gardien officiel et définitif, il faudra construire une petite habitation qui, quoique soumise aux conditions d'une stricte économie, témoignera cependant qu'elle appartient à la ville de Paris. Nous espérons que, sauf la question du temps, elle s'élèvera sur ce nouveau domaine parisien (1).

Il y a une autre dépense peu considérable qu'il nous paraît nécessaire de prévoir. Elle aura pour objet de reprendre les recherches qui ont fait retrouver l'ancien temple et qui, tout le fait présumer,

(1) Dans le cours d'avril 1868 un petit chalet ou abri provisoire pour un gardien a été construit par M. Tricotel, architecte de chalets à Paris, rue Hauteville, 51.

n'ont pas été complétées. On a vu, en effet, par le rapport de la Commission, que le défaut de fonds les avait fait interrompre de 1836 à 1842 ; que leur reprise, à cette dernière époque, avait eu d'importants résultats, mais que ces résultats, loin de prouver que tout était épuisé dans ce sol si riche d'antiquités et de souvenirs, laissaient au contraire une sorte de conviction qu'il y avait encore à découvrir des vestiges précieux pour l'archéologie et pour l'histoire (1).

Un sérieux examen du terrain avec les plans et documents (2), et des fouilles habilement dirigées, amèneront très probablement la découverte de fragments et objets antiques qui, en récompensant de justes efforts, viendront, sous les auspices de M. le Préfet, révéler leur vieille origine dans ce musée que la ville de Paris doit s'honorer d'avoir ouvert aux beaux-arts et aux sciences historiques et naturelles.

(1) Au mois d'août, en conformité d'un arrêté pris sous la date du 3 juin, même année, par M. le Sénateur-Préfet, il a été procédé sous la direction de M. Tamisier, agent-voyer à Flavigny, à l'exécution des travaux qui restaient à faire, soit pour les chemins, soit pour l'isolement et la conservation de la statue.

(2) Voir le procès-verbal des dernières fouilles et découvertes en 1842, procès-verbal qui prévoit des recherches ultérieures et doit les faciliter. Voir aussi le plan s'y rapportant.

Novembre 1867. Une dernière mesure est prise par M. le Préfet, c'est pour l'inscription commémorative de l'achèvement du monument ; M. l'architecte vient de faire graver cette inscription sur une pierre monumentale et fait sceller cette pierre sur la façade gauche de la grotte.

Voici les termes de cette inscription :

SOUS LE RÈGNE DE NAPOLÉON III

EMPEREUR DES FRANÇAIS

LE CONSEIL MUNICIPAL DE PARIS

AVEC LE CONCOURS DU CONSEIL GÉNÉRAL DE LA SEINE,

SUR LA PROPOSITION

DE M. LE BARON HAUSSMANN, SÉNATEUR, PRÉFET DE LA SEINE

GRAND-CROIX DE LA LÉGION-D'HONNEUR,

A PAR DÉLIBÉRATION DU XVIII AOUT MDCCCLXV

ÉRIGÉ CE MONUMENT AUX SOURCES DU FLEUVE

QUI A DONNÉ SON NOM AU DÉPARTEMENT DE LA SEINE

ET AUQUEL PARIS DOIT SON ANTIQUE PROSPÉRITÉ

MDCCCLXVII

Tel est l'historique de ce monument (1), qui, en empruntant de l'importance au passé, appelle plus

---

(1) Dans sa session d'août 1868, le conseil général de la Côte-d'Or, sur la proposition de plusieurs de ses membres et le rapport d'une commis-

d'intérêt sur lui-même pour le présent et pour l'avenir. Il s'inscrit dans les annales de Paris (1) et peut braver, sous ce puissant abri, les ravages du temps, car la science et l'histoire existeront toujours pour le sauver de l'oubli. L'allégorie, avec ses brillantes fictions, a fourni son sujet. C'est la nymphe de la Seine, que la poésie, il y a plus de deux siècles, avait parée de tant de charmes dans l'ode à la reine où Racine (2) préludait aux chefs-d'œuvre qui font son immortalité et la gloire du théâtre français (3). La Nymphe aujourd'hui est reproduite par la sculpture ; elle est irréprochable. Cependant un contradicteur s'est inquiété de ce qu'elle dirait dans cette déserte résidence. Nous répondrons qu'elle arrive, qu'elle ap-

sion (M. Roy, rapporteur), le Conseil donne à M. Larribe un témoignage de reconnaissance pour la publication de sa notice sur le monument érigé par la ville de Paris aux sources de la Seine.

(1) Par une lettre du 17 février 1869, M. le sénateur Préfet de la Seine demande à M. Larribe cent exemplaires de sa Notice, lesquels seront distribués aux membres du Conseil général de la Seine et du Conseil municipal de Paris. ainsi qu'à plusieurs mairies d'arrondissements. (Cette demande a nécessité une nouvelle édition, la première se trouvant épuisée.)

(2) A l'occasion de cette ode, Racine obtint du roi, par Colbert, une bourse de 100 louis et une pension de 600 livres.

(3) Boileau a dit :

Du théâtre français l'honneur et la merveille,
Il sut ressusciter Sophocle en ses écrits,
Et, dans l'art d'enchanter les cœurs et les esprits,
Surpasser Euripide et balancer Corneille.

paraît à la lumière et n'a rien à dire ; mais que bientôt, en apprenant les merveilles du temps et du règne où elle vient présider à la source du fleuve renommé de la Seine, elle témoignera de ces grandes choses et de la reconnaissance de l'immense cité envers ce beau fleuve que, tout récemment, dans un article remarquable (1), l'un de nos littérateurs les plus distingués a si bien défini par ces mots : « Source de bien-être et de prospérité, la Seine est un des organes constitutifs de la vie même de Paris. »

Pour nous, qui avions demandé depuis bien des années l'érection de ce monument, c'était notre devoir, après avoir fait connaître les difficultés et les retards qu'elle avait éprouvés, d'honorer le généreux appui qui l'avait fait entreprendre et terminer promptement, et d'offrir à l'édilité parisienne et départementale, ainsi qu'au chef éminent de son administration, le tribut de gratitude qui leur est dû. Nous croyons avoir rempli ce devoir avec une scrupuleuse exactitude, et si notre travail n'est pas une œuvre littéraire, il sera du moins un document utile dans l'histoire impérissable de Paris (2).

Paris, 26 décembre 1867.

LARRIBE,

Ancien chef de division et ancien conservateur des monuments d'art à la Préfecture de la Seine.

(1) *La Seine à Paris, les industries fluviales et la police du fleuve*, par Maxime du Camp, article de la *Revue des Deux Mondes*, numéro du 1er novembre 1867.

(2) Voir l'*Histoire générale de Paris*, collection de documents fondée

COPIE DU PROCÈS-VERBAL

DES FOUILLES FAITES AUX SOURCES DE LA SEINE

ouvert le 10 août 1842, clos le 30 juillet 1844.

« L'an mil huit cent quarante-deux, le dix août, réunis à la source de la Seine située sur le territoire de la commune de Saint-Germain-la-Feuille, les sieurs Henri Baudot, président de la Commission d'antiquités de la Côte-d'Or, Émile Sagot, Joseph Garnier et Jean-Baptiste Chaussier-Morisot, tous membres de cette Commission et délégués par elle pour fixer les points sur lesquels seront dirigées les nouvelles fouilles, out reconnu, par l'inspection de celles faites en 1836 par le sieur Chaussier, l'un d'eux, et qui ont produit beaucoup d'*ex-voto*, de fragments de marbres et de colonnes, et par celles faites en 1839 et en 1841, sous la surveillance des sieurs Benoît, maire de Chanceaux, et Auguste de Champême, associés correspondants qui ont découvert la statue en pierre assise, drapée et sans tête, que le terrain fouillé ne l'avait pas été assez *profondément* et sur *une assez grande étendue*. Ils ont décidé qu'il serait remanié jusqu'au solide et par tranchées parallèles, que d'autres recherches seraient faites sur

avec l'approbation de l'Empereur, par M. le baron Haussmann, sénateur, et publiée sous les auspices du Conseil municipal. (A. Fontaine, libraire, passage du Panorama, Paris.)

d'autres points, et ils ont chargé le sieur Chaussier-
Morisot. l'un d'eux, de diriger ce travail et d'en con-
fier la surveillance au sieur Guillaume Dupont, entrepreneur à Saint-Seine, et reconnu pour homme
probe et intelligent.

« Le mardi suivant, 16 août. a été commencée l'ou-
verture des tranchées par quatorze manœuvres. Le
lendemain 17 ou découvrit une statue en pierre fort
bien conservée, avec costume gaulois, en fort relief
sur une surface plane. Le 18, on trouva une *bague
chevalière* en or, avec inscription votive et un buste
drapé en bronze. Le 19, deux médailles en or, l'une
de *Julia-Augusta*, l'autre d'*Aurélien*, et un bœuf en
bronze furent trouvés en présence de MM. Lehup et
Gaveau, associes correspondants, et de M. Chaussier-
Morisot. qui trouva lui-même une petite bague en
or, avec pierre gravée, dont il a fait hommage à la
Commission. L'importance des découvertes a déterminé ledit Chaussier à appeler le sieur Bernard
Benoit, instituteur à Gissey-sur-Ouche, pour second
surveillant, ce qui a été approuvé par le président et
par les membres de la Commission auxquels il en a
fait part.

« Le 20, on a découvert la statue mutilée d'un
Apollon en pierre. Le 22, un buste de Junon en
bronze, et les jours suivant des *ex-voto* et des débris
de statue. les unes ronde-bosse, les autres en fort
relief sur fonds plats, plusieurs portant des chiens
sur leurs bras, et une statue ronde-bosse du même
style que l'Apollon, mais mutilée.

« Le 23, on découvrit une belle amphore en terre cuite très bien conservée. Elle a 54 centimètres de hauteur, 15 de diamètre dans sa partie inférieure, 50 au milieu et 26 au-dessus, avec cette inscription : *Deæ Sequanæ Rufus donavit*. Dans cette amphore, fermée par une plaque de plomb du poids de dix kilos, étaient beaucoup d'*ex-voto* en feuilles de bronze découpées dont la plus grande partie représente *les parties sexuelles* de l'homme, des yeux, etc. Cette amphore renfermait encore un autre vase de terre contenant environ 800 médailles de bronze.

« Les fouilles, prolongées dans le bois, ont laissé à découvert quatre degrés carrés, sur trois desquels étaient encore debout trois colonnes, et entre ces colonnes deux marches d'escalier de deux mètres de long et d'une seule pièce. Elles sont posées de niveau sur la terre et sans maçonnerie. On a trouvé à trois mètres des colonnes trois petits bustes en terre cuite, deux piédestaux avec inscriptions entières, quelques fragments de statues et des inscriptions en beaux caractères romains sur tables de marbre brisées et en partie détruites.

« Dans le bois et en dehors des colonnes, au nord, existe un aqueduc obstrué, recouvert par des dalles de pierre blanche sciées ; dans ce même endroit ont été aussi trouvées, en 1836, de fortes gargouilles en pierre blanche, ainsi qu'une auge carrée et brisée qui est restée sur place. Plusieurs de ces pierres ont été déplacées, ainsi que celle à deux pilastres dessinée au bas du plan des fouilles sous le n° 3 et sous laquelle passait l'eau de la fontaine supérieure, dont l'aqueduc est obstrué ; deux de ces fontaines sont pérennes. Celle plus élevée, qui est dans le pré du sieur Chaussier, de Bligny, n'est apparente que par les grandes pluies et par un suintement. On ne trouve auprès aucune trace de construction, mais il y a entre ce pré n° 36 et le bois du côté d'orient d'anciens murs sous la ferme des Vergerots.

« C'est au bas des déblais de ces murs n° 16 qu'a été trouvé, le 10 mars 1843, l'anneau en or dans lequel sont *serties* six perles fines, et qui a été, ainsi que les autres objets découverts, déposé au musée de la Commission. Plus bas, et à gauche de la fontaine qui sert de lavoir, existent de petits murs sans direction régulière et des pierres en forme de marches d'escaliers de 3 mètres 33 centimètres de longueur, n° 26. Ces longues pierres, des fragments de mosaïques, les beaux restes d'un chapiteau corinthien ne peuvent laisser de doutes sur l'existence d'une construction importante qui a été détruite de fond en comble et dont les vestiges ont disparu ou ne *sont pas encore découverts*. »

Suit le tableau à colonnes désignant :

1° Les numéros de renvoi au plan dû à l'obligeance de M. Busset, géomètre en chef du cadastre. 2° L'indication des contrées ou lieux dits. 3° La désignation des objets découverts. 4° La date des découvertes.

Le tout, afin qu'on puisse y avoir recours comme points de départ dans le cas où par la suite on voudrait faire de nouvelles recherches.

TABLEAU

RENVOIS au PLAN.	CONTRÉES et LIEUX DITS.	PROPRIÉTAIRES.	OBJETS DÉCOUVERTS.	ÉPOQUES des DÉCOUVERTES.
1	La Duix	Roland Renaux	pierres sciées, bétons, briques, tuiles et poteries romaines	1842
2	Id.	Id.	grand trident en fer	1787
3	Id.	Saint-Germain	poterie romaine	1842
4	Id.	Belin de Flavigny	aucun produit	»
5	Id.	Belin Vitu	fragments de statues et de colonnes	1839—1842
6	Id.	Id.	Id.	1842
7	Id.	Id.	aucun produit	»
8	Id.	Saint-Germain	source où était le torse drapé de femme	1836
9	Id.	Id.	trois marches doubles d'escalier	1839
10	Réserve de Saint-Seine	Saint-Seine	petits bustes en terre cuite	1842
11	Id.	Id.	fragments de statue *ex-voto*	,
12	La Duix	Saint-Germain	piédestal avec inscription	»
13	Id.	S.-Seine et S.-Germain	fragments de statue *ex-voto*	»
14	Réserve de Saint-Seine	Saint-Seine	dalles sciées sur aqueduc obstrué	»
15	Id.	Id.	doubles marches entre les quatre colonnes	»
16	La Duix	Saint-Germain	auge carrée et cassée ayant reçu l'eau du dessus par aqueduc	1836—1839—1842

17	La Doix	Saint-Germain	grande pierre à deux pilastres	1836
18	Id.	Id.	statue de femme assise, drapée et sans tête	1839
19	Id.	S.-Germain et S.-Seine	statues ex-voto	184?
20	Id.	Id.	piédestal avec inscription, mosaïque en cubes bruns et blancs	»
21	Id.	Saint-Germain	Apollon. Statue mutilée	1836—1842
22	Id.	Saint-Seine	fragments de marbres de colonnes	»
23	Grosfoyard	S.-Seine et S.-Germain	marbres et mosaïques	»
24	Paquis bord de la réserve	Saint-Germain	marbres et un mètre cube de mosaïques	1805—1842—1836
25	Paquis	Id.	fontaine et lavoir	1842
26	Id.	Id	doubles marches	»
27	Paquis au chemin	Id.	deux bagues en or, deux bustes en bronze, médailles	»
28	La Doix	Patis de Saint-Germain	Amphore et autre vase en terre cuite contenant 800 médailles	»
29	Id.	Id.	Murs, fragments de marbres et de tuiles romaines	»
30	Id.	Id	Ruloir, fragments de colonnes	1836
31	Id.	Chaussées de Bligny	fouilles sans produit	1842
32	Id.	Id.	Id.	1786—1842
33	Id.	Id.	première source de la Seine non pérenne	1842
34	Id.	Id.	sans résultats	»
35	Id.	Id.	Id.	»
36	Id.	Id.	murs et pierres sèches	»
37	Id.	Id.	anneau en or avec six perles fines	»

« Le présent procès-verbal, clos à Dijon le 30 juillet 1844, et signé par les commissaires susnommés, à l'exception de M. Sagot, qui réside actuellement à Paris, est rédigé en quatre originaux, conformément au vœu de la Commission, pour être déposés : l'un à ses archives, le deuxième à celles de Saint-Germain-la-Feuille, sur le territoire de laquelle sont les sources de la Seine ; le troisième aux archives de la commune de Saint-Seine-l'Abbaye, propriétaire du bois sur lequel ont été faites en partie les fouilles ; et le quatrième à celle des Chanceaux, point ordinaire de départ des voyageurs qui vont visiter les sources de la Seine.

« Arrêté à Dijon, le 30 juillet 1844.

« Ont signé : *les membres de la Commission.* »

APPENDICE

LE MONUMENT

DES SOURCES DE LA SEINE

PAR M. V. COROT (1)

Au sud-est et à 255 kilomètres de Paris s'étend la belle
et fertile vallée des Laumes, encadrée dans ses hautes col-
lines et dominée par la statue colossale de Vercingétorix, qui
s'élève au sommet du mont Auxois (2). A partir de ce point,
les voyageurs qui parcourent le chemin de fer de Lyon, peuvent remarquer que le terrain s'élève constamment et que
les hauteurs qui bordent de chaque côté la voie ferrée devien-
nent plus abruptes, plus sauvages et plus resserrées. A Darcey, une vaste grotte s'ouvre dans les flancs de la montagne
et un torrent en descend avec rapidité, pour aller grossir les
cours d'eau qui sillonnent la plaine des Laumes. La monta-

(1) Extrait du *Moniteur universel* du 9 avril 1868.
(2) Le mont Auxois, qui donne son nom à l'ancien bailliage dont la
petite ville de Semur était le chef-lieu, tire son nom de l'ancien *oppidum*
d'Alexia ou Alesia, où César triompha définitivement de la Gaule.

gne de Salmaise présente un aspect triste et rocailleux, qui
rappelle les solitudes de l'Ecosse, surtout lorsque les yeux se
fixent sur les ruines d'un vieux manoir démantelé qu'on dirait placé là pour attester sa propre impuissance devant la
civilisation qui passe à toute vapeur. Les vallons se succè-
dent et les coteaux se rapprochent; il semble, à chaque perspective nouvelle, que la sombre ligne des wagons va se
heurter contre un mont transversal. Longtemps encore on
peut contourner les obstacles; mais à Blaisy-Bas, le barrage
est complet, et la montagne a dû être traversée par un
tunnel de 4 kilomètres, à l'issue duquel se déroule un splen-
dide panorama. Cette montagne, qui dépend de la chaîne
centrale de la Côte-d'Or, forme le point de partage des eaux,
la séparation du bassin du Nord et de celui du Midi. Les
eaux qui prennent naissance sur un versant coulent vers
l'Océan; celles qui surgissent de l'autre côté vont se perdre
dans la Méditerranée.

C'est à 16 ou 17 kilomètres de ce point, à 12 kilomètres à
gauche de la station de Verrey-sous-Salmaise, que, dans un
vallon étroit et sauvage, la Seine prend sa source par six
naissances d'eau surgissant sur une superficie de 5,000 m.
environ.

Rien n'est plus agreste que ce vallon solitaire, éloigné de
toute habitation et où règne un silence absolu, troublé seulement par le murmure des sources qui serpentent à travers
un tapis de prairies, et par le chant des nombreux oiseaux
qui peuplent ces coteaux entièrement boisés. Aussi, dans
toute la contrée, les sources de la Seine jouissent-elles d'une
grande réputation parmi les chasseurs à la pipée. Il est cu-
rieux de voir par soi-même quelle quantité d'oiseaux de toutes sortes recèlent les forêts, et combien unanime est leur
instinct. Au premier *ululement* du chasseur caché qui, avant

le crépuscule, imite le cri de la chouette, on entend comme
un vague frémissement dans les profondeurs des bois ; au
deuxième appel, les cris particuliers à chaque espèce se rapprochent ; au troisième, on voit arriver, agités et menaçants,
sur les branchages de la lisière, des milliers d'oiseaux qui
croient pouvoir attaquer avec avantage, à la faveur du soleil,
leur ennemi universel : pinsons, merles, geais, tarins, rou-
ges-gorges, chardonnerets, linots, mésanges, bruants, roite-
lets, loriots, en un mot, toute la gent des passereaux. C'est
un concert étourdissant qui se termine, hélas ! par de nombreuses captivités.

Les sources de la Seine sont situées sur le territoire de la
commune de Saint-Germain-la-Feuille (1), à la limite des
arrondissements de Semur et de Dijon, mais sur le premier
de ces arrondissements et non à Chanceaux ou à Saint-Seine,
comme le répètent à tort la plupart des traités de géographie. Dans la période gallo-romaine, ces sources étaient l'objet d'un culte et un temple leur avait été consacré. Une
vague tradition en avait conservé le souvenir ; mais nul
vestige sur les lieux n'était de nature à confirmer la légende
et à donner une idée quelconque de ce qu'avait pu être ce
monument. Cependant on avait découvert en 1763, à 2 kilomètres des sources, une galère en bronze de 66 centimètres de longueur sur 11 centimètres de largeur, portant
deux rameurs à tête nue et chauve ; on pensa que cette
galère devait être un ex-voto envoyé jadis par un navigateur
gaulois à la divinité du fleuve. A une très faible distance,
on trouva en 1822 des débris de poterie romaine, deux médailles en bronze d'Aurélien et la main droite d'une statue
en pierre blanche, tenant une tête de dauphin.

(1) Cette commune a porté, depuis la Révolution jusqu'à la Restauration, le nom de Sources-Seine.

Saisie de ces faits, la Commission des antiquités de la Côte-d'Or fit faire, en 1836, des fouilles qui furent continuées pendant six ans et qui obtinrent un succès aussi complet que possible. La première tranchée fut ouverte près des sources. A la profondeur d'un demi-mètre, les ouvriers rencontrèrent les fondations d'un édifice dont l'importance fut bientôt révélée par de nombreux objets d'antiquité. « Le plan des fondations, dit le rapport de la Commission par l'organe de M. Henri Baudot, offre un quadrilatère de 57 mètrès de longueur sur une largeur indéterminée. Quoique l'une des faces n'ait pu être complétement relevée, les déblais n'ayant pas permis de fixer cette ligne d'une manière certaine, néanmoins le retour de l'angle nord, et la régularité des trois autres côtés ne peuvent laisser de doute sur la forme extérieure du monument, dont la façade principale devait regarder l'orient. L'intérieur, distribué en plusieurs *cellœ* ou chapelles placées dans le pourtour, présente une véritable analogie avec la description que Pline nous a laissée d'un temple élevé à Clitomne, fleuve d'Ombrie, ancienne province romaine.

« Au milieu du temple de la Seine était une salle où se trouvait la source sacrée, qui s'écoulait par une rigole taillée dans la pierre et recouverte de dalles. A droite de la source, tarie aujourd'hui, s'élevaient quatre colonnes d'ordre dorique, dont on retrouve les fragments et les bases encore à leur place. A la suite de cette décoration, deux marches en pierre d'une seule pièce donnaient entrée à l'une des chapelles, où probablement était placée la statue de la déesse assise en face de la source principale. Des tronçons de colonnes, des chapiteaux et autres fragments attestent la richesse avec laquelle cette pièce était ornée. Les autres chapelles n'étaient pas décorées avec moins de somptuosité. Des marbres précieux, taillés en moulures et en plaques destinées à revêtir les murailles, des enduits couverts de peintures à filets de différentes teintes, des pierres de lais sciées pour pavage, des petits cubes en pierres de diverses couleurs, ayant servi à composer des mosaïques, épars çà et là, peuvent donner une idée de la décoration intérieure de l'édifice.

Quant à l'extérieur, on n'a retrouvé que des fragments de fûts et de chapiteaux corinthiens, dont les proportions annoncent qu'ils appartenaient à des colonnes d'une grande hauteur. L'élévation que devaient avoir ces colonnes fait présumer qu'elles faisaient partie d'un péristyle dont on n'a découvert que ces seuls fragments au milieu de nombreux débris de tuiles à rebord, comme on en rencontre ordinairement dans les anciennes constructions romaines.

« Ces faibles débris du monument suffisent déjà pour constater sa grandeur, la magnificence de son architecture extérieure et la splendeur de sa décoration intérieure. Passons maintenant aux objets qui étaient disposés dans l'intérieur du temple, les uns étant exposés à la vénération des mortels et les autres offerts à la divinité, et tous retirés des fouilles parmi les ruines et les décombres. »

Ces objets étaient nombreux ; ils consistaient principalement en statues de grandeur naturelle, en bas-reliefs, têtes et bustes en pierre et en bronze, torses d'hommes et de femmes, enfants emmaillottés, mains, jambes, pieds et autres parties du corps humain, reproduits intégralement ou partiellement, enfin des armures, ustensiles, objets de toilette, etc., etc. La plupart de ces morceaux de sculpture, assez grossièrement taillés, représentaient des ex-voto apportés à la déesse de la Seine par les malades et les infirmes.

Dans l'une des petites chapelles qui formaient le pourtour du temple, on découvrit, presque à la surface du sol, un vase en terre de forme ovoïde, recouvert d'une feuille de plomb du poids de 10 kilogrammes et portant au col l'inscription ci-après : DEÆ SEQUANÆ RUFUS DONAVIT.

Ce vase en contenait un autre beaucoup plus petit, autour duquel étaient entassés 120 ex-voto, découpés dans des feuilles de bronze et d'argent ; il renfermait lui-même 836 médailles romaines représentant 55 têtes différentes et une série de 34 empereurs, depuis Auguste jusqu'à Maximus-Magnus (an 29 avant Jésus-Christ à 388 après Jésus-Christ). On peut donc rapporter approximativement à ces deux dates l'époque de la construction et celle de la destruction du temple. Car, ainsi que le fait observer le rapport précité, c'est sous le règne d'Auguste que les Gaulois commencèrent à prendre les mœurs des Romains et qu'ils élevèrent un temple à cet empereur au confluent de la Saône et du Rhône. De même, c'est aux années qui suivirent la domination de Maximus-Magnus que semble devoir être fixée l'abolition du paganisme dans nos contrées.

Peu d'années auparavant, en effet, Constantin avait mis fin à la sanglante persécution qui avait fait tant de martyrs, notamment en Bourgogne, et par un mouvement de réaction trop naturel chez l'homme, les chrétiens, à peine affranchis, se vengèrent sur les monuments du paganisme. La mutilation des statues découvertes, les plombs fondus et les traces de feu qui se retrouvèrent à profusion dans les ruines mises à jour attestèrent suffisamment la violence de la destruction. Quelques érudits avaient supposé que la destruction du temple avait pu être opérée par les Burgondes des bords du Rhin, qui firent, vers ces temps, une incursion dans la province ; mais cette opinion doit être rejetée, car les barbares n'eussent pas manqué de piller les bijoux, médailles et autres objets d'or qui ont été retrouvés intacts dans les décombres. Ces objets sont déposés au musée de Dijon. Le plan du temple figure également dans ce musée et dans celui de Semur; il vient, au surplus, d'être reproduit dans une brochure dont nous aurons à parler plus loin.

Quoi qu'il en soit, l'existence d'un monument du paganisme aux sources mêmes de la Seine était prouvée. Le souvenir s'en était altéré à travers les âges, et, la tradition chrétienne se mêlant à celle des premiers temps de l'empire romain, on en était venu à hésiter entre l'hypothèse d'un temple dédié à la déesse du fleuve et celle d'une église placée sous l'invocation de saint Seine. Cette dernière supposition a été formellement contredite par les faits que nous venons de rapporter. Saint Seine, d'ailleurs, vivait au 6e siècle. Fils d'un comte habitant le bourg de Magnimon (*Magnimontensis pagus*), le jeune *Sequanus* se retira de bonne heure dans une petite propriété que ses parents possédaient aux environs. Là, s'étant fait accommoder une hutte en forme de cellule, il s'exerça au jeûne et à la prière, ne mangeant jamais qu'il n'eût récité tout son psautier. Ordonné prêtre vers sa vingtième année, il se retira quelque temps au monastère de Rhéomé (Moutiers-Saint-Jean), puis retourna dans le voisinage de son pays, où il bâtit un monastère dans un lieu affreux, nommé *Segeste*, au milieu d'une épaisse forêt, hantée seulement par des voleurs et des bêtes fauves. Après avoir obtenu la concession de tout le terrain qu'il pourrait circonscrire, monté sur un âne, depuis le lever jusqu'au coucher du soleil, il s'occupa de composer le personnel de son monastère, et ses premières recrues se firent, paraît-il, parmi des hommes soupçonnés d'exercer le brigandage dans la forêt (1), et qu'il parvint à convertir. En mé-

(1) Saint-Seine est situé à proximité du Val-Suzon, gorge pittoresque où s'engage l'ancienne route de Paris à Dijon. Il paraît que ces bois ont inspiré, durant de longs siècles, bien peu de sécurité; car, à la suite

moire du singulier mode de concession qui devint le titre
de propriété des terres de la nouvelle abbaye, celle-ci fut
environnée de bornes représentant le fondateur monté sur
un âne ; l'une de ces bornes servit, dans les temps modernes,
à la délimitation, près des sources de la Seine, des territoires
de Saint-Seine et de Saint-Germain-la-Feuille. Circonstance
qui contribua à accréditer l'opinion erronée en vertu de laquelle une église, placée sous l'invocation du saint, aurait
existé sur cet emplacement. Sequanus mourut à Segeste le
19 septembre 580. On prétend que des miracles s'opérèrent
sur son tombeau, et ses reliques sont encore conservées dans
l'église de la localité, qui depuis sa mort a pris le nom de
Saint-Seine. (Voir le *Recueil des Bollandistes.*)

Par la confusion des noms, saint Seine a été longtemps
considéré comme le protecteur des sources du fleuve et in-
voqué dans les temps de sécheresse où de nombreuses processions se rendaient aux sources ; en 1620, on compta dans
l'une de ces processions 3,060 jeunes filles vêtues de blanc.
(Courtépée.)

Il nous reste à dire quels efforts ont été faits, à l'époque
des fouilles de la Commission des antiquités de la Côte-d'Or,
par un administrateur local pour obtenir la consécration
d'un nouveau monument aux sources de la Seine et comment cette pensée vient d'être réalisée par la ville de Paris.

Dès 1833, M. Larribe, ancien chef de division à la préfecture de la Seine, et alors sous-préfet de Semur, signalait au
préfet de la Côte-d'Or l'intérêt que présenterait, au point de
vue de l'art et de l'histoire, l'érection d'un monument dans

d'une tragédie de *Sainte-Reine*, conservée à la bibliothèque de Semur,
figurent plusieurs itinéraires indiquant aux pèlerins les chemins à suivre
pour se rendre des principales villes de France et d'Europe à Alise-
Sainte-Reine. Sur l'un de ces itinéraires figure, en regard du nom de
Val-Suzon, l'indication caractéristique ci-après : « Prends garde à ta
ourse. »

le vallon de Saint-Germain. Peu après, M. Vatout, député de l'arrondissement, se rendit l'interprète de ce vœu auprès du préfet de la Seine ; mais le conseil municipal de Paris ne crut pas devoir accueillir la proposition qui lui était soumise, l'objet lui ayant semblé « totalement *étranger* à la capitale. » Le rapport de la Commission des antiquités, qui se terminait par un vœu analogue, ne fut pas davantage entendu. Mais, en 1861, le journal de Rouen reprit cette idée et ouvrit une souscription publique destinée à en faciliter la réalisation. Appelé à diriger cette souscription, M. Larribe, de concert avec MM. Hipp. Le Bas et Heim, membres de l'Institut, qu'il avait intéressés à ses projets, pensa que son premier soin devait être de solliciter le concours de la ville de Paris. Avec l'ampleur de vues qui le caractérise à un si haut degré, M. le baron Haussmann comprit que la capitale, dont le berceau a surgi jadis entre les bras du fleuve et dont la prospérité s'est développée par la facile navigation qu'elle offrait à ses marchands, ne pouvait laisser à une autre cité l'honneur de consacrer de nouveau les sources de la Seine. Le conseil municipal s'est associé à cette pensée et a voté l'acquisition, par la ville de Paris, des prairies où naissent les sources (1 hectare 73 ares) et l'érection d'un monument ; en outre, une subvention a été allouée par le conseil général du département. C'est M. Larribe qui a négocié les acquisitions nécessaires et qui, naturellement, s'y est employé avec le zèle qu'inspire un succès longtemps attendu. Après trente-cinq ans écoulés, M. Larribe a pu contempler le monument qui vient d'être construit sous l'habile direction de MM. Baltard et Davioud. Il lui appartenait d'exposer les phases diverses qu'a traversées ce projet depuis sa première apparition jusqu'à sa dernière exécution : c'est ce qu'il vient de faire dans une intéressante notice, qui contient, avec un plan du vallon et un plan de la contrée, une charmante gravure représentant le monument érigé par la ville de Paris. (Jouaust, imprimeur, rue Saint-Honoré, 338. — 1868.)

Au milieu du vallon et formant perspective en amont des sinuosités du ruisseau de la Seine, s'élève une grotte formée de pierres fouillées et trouées, très communes dans la contrée. Au centre et en avant de la grotte, apparaît une nymphe de la Seine, due au ciseau de M. Jouffroy, que son talent et son origine bourguignonne désignaient naturellement au choix de l'édilité parisienne. Au-dessous de cette statue couchée sur un socle (1) et accoudée sur l'urne traditionnelle et symbolique, les eaux des différentes sources, colligées avec soin, s'écoulent ensemble des rochers qui lui servent de base. Un square a été créé sur la majeure partie des terrains acquis, et les eaux sorties de la grotte s'y accumulent en un petit bassin, à l'issue duquel elles reprennent leur cours naturel. Sur la façade de la grotte est gravée l'inscription suivante :

SOUS LE RÈGNE DE NAPOLÉON III

EMPEREUR DES FRANÇAIS

LE CONSEIL MUNICIPAL DE PARIS

AVEC LE CONCOURS DU CONSEIL GÉNÉRAL DE LA SEINE,

SUR LA PROPOSITION

DE M. LE BARON HAUSSMANN, SÉNATEUR, PRÉFET DE LA SEINE

GRAND-CROIX DE LA LÉGION-D'HONNEUR,

A PAR DÉLIBÉRATION DU XVIII AOUT MDCCCLXV

ÉRIGÉ CE MONUMENT AUX SOURCES DU FLEUVE

QUI A DONNÉ SON NOM AU DÉPARTEMENT DE LA SEINE

ET AUQUEL PARIS DOIT SON ANTIQUE PROSPÉRITÉ

MDCCCLXVII

(1) M. Jouffroy a employé pour ce travail la pierre de Chauvigny.

Sauf l'étroite perspective que donne le cours du ruisseau serpentant sur les verdoyantes prairies qui forment le fond de la vallée, les yeux plongent partout dans les grands bois qui couvrent les coteaux et ferment l'horizon. La solitude est complète, l'impression profonde, et l'on conçoit aisément combien ce lieu devait être cher aux Druides pour l'accomplissement de leurs mystères. Mais n'est-il pas à craindre que cette intervention de la grande cité n'ait quelque peu effarouché les hôtes ailés des forêts, et que l'apparition de la nymphe des eaux ne rende la pipée moins fructueuse ?

En terminant, nous ne saurions résister au désir de placer ici une anecdote dont nous laissons toute la responsabilité au guide qui nous a conduit du village de Saint-Germain aux sources. Ce brave homme nous a conté que récemment des *nautes parisiens* (des canotiers sans doute) avaient formé le hardi projet de descendre la Seine en canot, depuis sa source jusqu'à son embouchure ; que, dans ce but, ils étaient arrivés en chemin de fer avec leur embarcation, à la station de Verrey, et qu'arrivés en voiture aux sources, toujours avec leur embarcation, ils avaient été fort étonnés et presque honteux de ne trouver qu'un mince filet d'eau, souvent insuffisant, dans la belle saison, pour porter même un bateau de papier.

A ce sujet, il convient de dire que, des six sources de la Seine, plusieurs tarissent absolument dans les temps de sécheresse. Ce n'est qu'à un kilomètre de distance, et après avoir traversé l'étang de la Grillande, que le ruisseau acquiert un caractère de pérennité, et encore, malgré l'adjonction de quelques autres sources, il arrive souvent, en été, qu'entre Buncey et Châtillon, la Seine se perd complétement sur une longueur de 5 à 6 kilomètres ; mais en aval de Châtillon et dans l'un des faubourgs de cette ville, une énorme source qui porte le nom de *Douix* (1) sort d'un cirque de rochers taillés à pic, et fournit au fleuve les eaux que les sources supérieures lui refusent parfois durant les grandes chaleurs.

Quoi qu'il en soit, le ruisselet des bois de Saint-Germain, après avoir traversé un coin de la Bourgogne, la Champagne et les fertiles plaines de l'Ile-de-France, se transforme en un fleuve puissant et vivifie la cité parisienne, qui, sortie de son île natale, déploie au loin sur ses deux rives l'exubérance de sa population et l'éclat de ses modernes splendeurs ; au delà des riches vallées normandes, et après un trajet de 800 kilomètres, il se confond majestueusement avec l'Océan, en face des rivages britanniques, établissant, grâce aux perfectionnements de la navigation, une communication grandiose et non interrompue entre notre capitale régénérée et l'antique métropole des Anglo-Saxons.

C'est donc, en quelque sorte, par un sentiment de gratitude que la ville de Paris, se rappelant son origine, a pris sous sa garde les modestes sources de la Seine.

(1) Il est à remarquer que la source principale de Saint-Germain-la-Feuille porte également le nom de *Douix*. On fait dériver ce mot de *douts, ductus* [conduite]. (*Glossaire de la langue romane*, Roquefort.)

DIJON, IMPRIMERIE J.-E. RABUTOT, PLACE SAINT-JEAN.

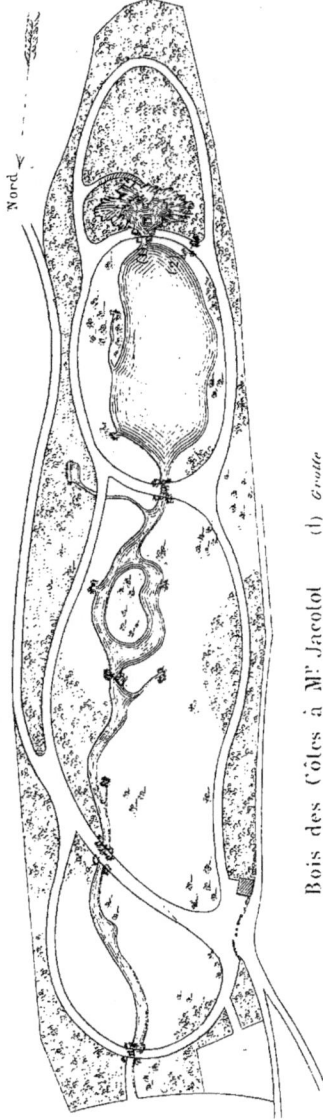

PLAN
du
VALLON DES SOURCES DE LA SEINE

Monument érigé par la Ville de Paris en 1867.

Bois Communal de St Seine

Nord

Bois des Côtes à Mr Jacolot

(1) Grotte

(2) Statue de la Nymphe de la Seine, par
Jouffroy Membre de l'Institut

Echelle de 0m.0005 pour 1 Mètre

0   10   20   30   40   50   60   70   80 Mètres

Gravé chez Erhard.

Paris. Imp. Lemercier.

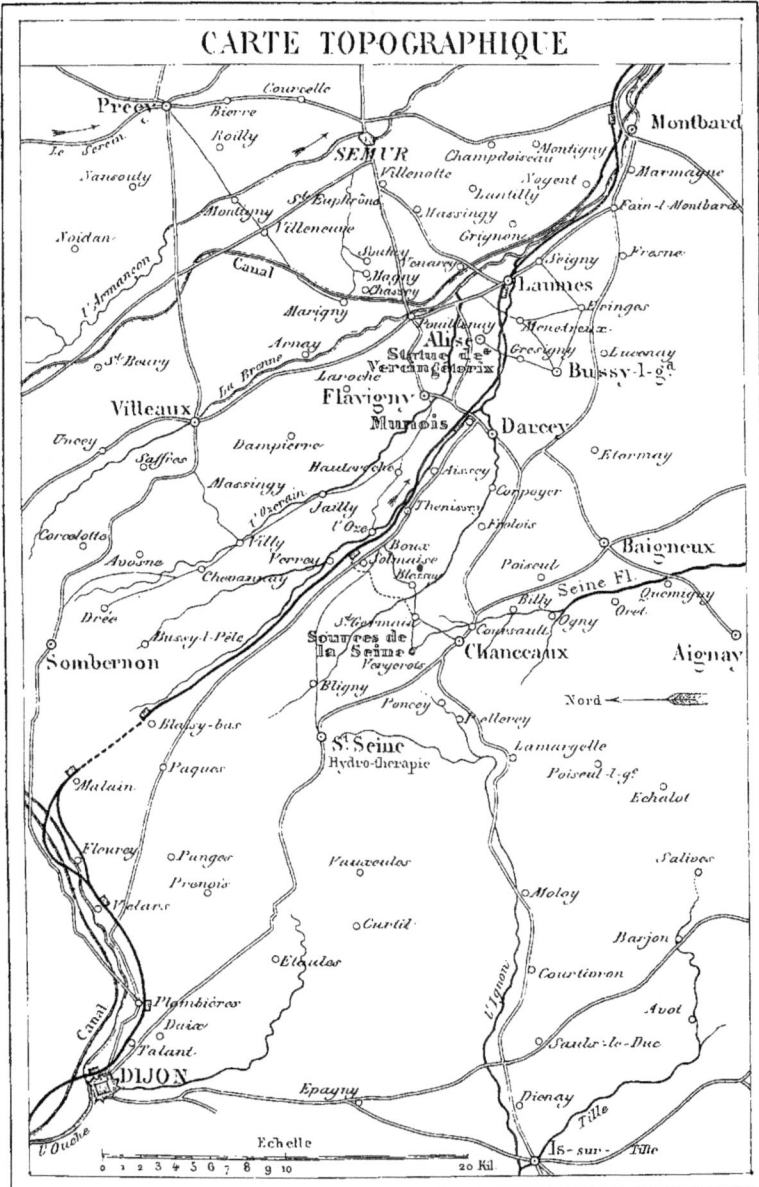

CARTE TOPOGRAPHIQUE

Préey
Courcelle
Bierre
Roilly
Montbard
Le Serein
Nansouty
SEMUR
Champdoiseau
Montigny
Marmagne
Villenotte
Nogent
Noidan
Montigny
St Euphrond
Chantilly
Fain-l-Montbard
Villeneuve
Massingy
Canal
L'Armançon
Bouhey Venarey
Grignon
Seigny
Fresne
Magny
Laumes
Marigny
Chassey
St Boury
Marigny
Smillenay
Eringes
La Brenne
Arnay
Alise
Menetreux
Statue de
Gresigny
Lucenay
Vercingétorix
Bussy-l-g.
Villeaux
Laroche
Flavigny
Oncey
Dampierre
Munois
Darcey
Saffres
Hauteroche
Aissey
Etormay
Massingy
L'Oserain
Corpoyer
Corcelotte
Tilly
Jailly
Thenissey
Avosne
Verrou
L'Oze
Hpolois
Chevannay
Boux
Poiseul
Baigneux
Drée
Salmaise
Billy
Blessa
Seine Fl.
Quemigny
Bussy-l-Pèle
St Germain
Oret
Ogny
Sombernon
Sources de
Coursault
la Seine
Chanceaux
Aignay
Fougerots
Nord
Bligny
Blaisy-bas
Poncey
Pellerey
Malain
Paques
St Seine
Lamargelle
Hydro-thérapie
Poiseul-l-g.
Fleurey
Punges
Vauxeules
Salives
Echalot
Prenois
Molay
Velars
Curtil
Barjon
Plombières
Elbudes
Courtivron
Daix
Canal
Avot
Talant
Sauls-le-Duc
DIJON
Epagny
Dienay
Tille
L'Ouche
Echelle
Is-sur-Tille

0 1 2 3 4 5 6 7 8 9 10   20 Kil

Gravé chez Erhard.   Paris, Imp. Lemercier.

LÉGENDE ET DISTANCES

(Voir le Plan)

1° Chemin actuel de la Station de Darcey par Chanceaux.
Route D.le N.° 6. figurée par un trait rouge 19k

2° Chemin projeté de la Station de Verrey, ligne pointillée
rouge passant par Salmaise 12k

3° De St. Germain-l.-feuille aux Sources 1k.500

4° De Chanceaux . . . . id. 5k

5° De Coursault . . . . id. 7k

6° De la Station des Laumes . . id. 29k

7° De Montbard . . . . . id. 43k

8° De Semur . . . . id. 40k

9° De Dijon par le Chemin de Fer et la
Station de Verrey. 46k

10° De St. Seine (Hydrothérapie) 10k

11° Des Vergerots . . . id. 550m

12° De Flavigny. . id. 28k

13° Des Laumes à la Statue de Vercingétorix . . 2k

14° De la Statue de Vercingétorix aux Sources
de la Seine. 27k

PLAN
DES FONDATIONS DU TEMPLE
découvert aux Sources de la Seine
de 1836 à 1842

Légende explicative

1 Borne dite le Gros Foyard au pied de laquelle la 1ère fouille a été faite
2 Rigole
3 Pierre placée sur la rigole
4 Bares
5 Deux marches
6 Marches
7 Lieu où l'on a découvert le grand vase des Ex-Voto et 800 médailles
8 Fouilles infructueuses
9 Source
10 Sources

Bois Communal de St. Seine

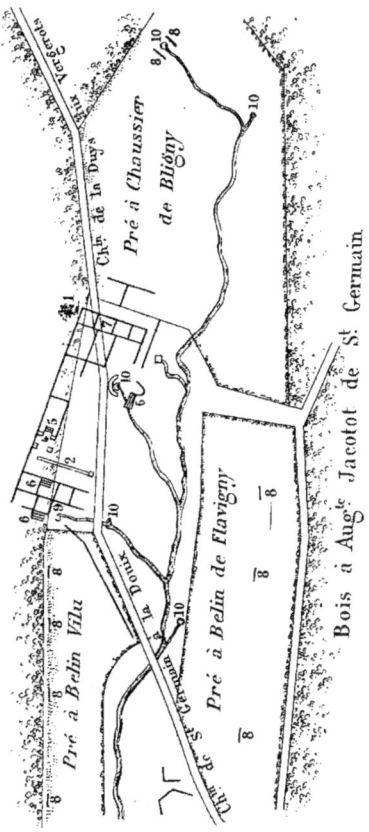

Pré à Chaussier de Buӫny

Pré à Belin de Flavigny

Bois à Augte Jacotot de St. Germain

Pré à Belin Villa

Chn de la Duys

Rue Verrerois

la Doux

Chn de St Germain

Nord

Echelle de 0m0005 pour l'Mètre

0 10 20 30 40 50 60 70 80 Mètres

www.ingramcontent.com/pod-product-compliance
Lightning Source LLC
Chambersburg PA
CBHW071834090426
42737CB00012B/2239

* 9 7 8 2 0 1 4 5 1 6 9 5 1 *